给孩子的数学故事书

偶然中的必然

概率的故事

张远南　张昶　著

清华大学出版社
北京

图书在版编目（CIP）数据

偶然中的必然：概率的故事/张远南，张昶著.—北京：清华大学出版社，2020.9
（2022.1 重印）
（给孩子的数学故事书）
ISBN 978-7-302-55888-0

Ⅰ．①偶… Ⅱ．①张… ②张… Ⅲ．①数学课－中小学－教学参考资料
Ⅳ．①G634.603

中国版本图书馆 CIP 数据核字（2020）第 109142 号

责任编辑：胡洪涛　王　华
封面设计：于　芳
责任校对：赵丽敏
责任印制：宋　林

出版发行：清华大学出版社
　　　　　网　　　址：http://www.tup.com.cn，http://www.wqbook.com
　　　　　地　　　址：北京清华大学学研大厦 A 座　　邮　　　编：100084
　　　　　社 总 机：010-62770175　　　　　　　　　邮　　　购：010-62786544
　　　　　投稿与读者服务：010-62776969，c-service@tup.tsinghua.edu.cn
　　　　　质量反馈：010-62772015，zhiliang@tup.tsinghua.edu.cn
印 装 者：大厂回族自治县彩虹印刷有限公司
经　　　销：全国新华书店
开　　　本：145mm×210mm　　印　　张：3.875　字　　数：73 千字
版　　　次：2020 年 10 月第 1 版　　　　　印　　次：2022 年 1 月第 6 次印刷
定　　　价：35.00 元

产品编号：087509-01

　　自然界的现象大致可分两类,一类是确定性现象,另一类是随机现象。

　　从表面看,对随机现象的每一次观察,结果总是偶然的、不可预知的。但多次观察一个随机现象,便能从中发现规律。正如常见的掷硬币游戏那样,多次投掷一枚硬币,出现国徽的可能性大约占一半。这是一种于偶然中存在的必然。

　　概率论的历史,可以追溯到相当久远的年代。第一篇研究概率的论文,发表于 1657 年,距今已有 3 个多世纪。300 多年来,在几代人的努力下,概率论已发展成为一门理论完善、内容丰富、应用广泛的学科。

　　本书没有打算、也不可能对概率论的理论做完整和连贯的叙述,那是教科书的任务。本书的目的,只是想激发读者的兴趣,并由此引起他们自觉学习这门学科的欲望。因为作者认定,兴趣是最好的老师,一个人对科学的热爱和献身,往往是从兴趣开始的。然而人类智慧的传递,是一项高超的艺术。从教到学,从学到会,从会到用,从用到创造,这是一连串极为能动的过程。作者在长期实践中,深感普通课堂教学的局限和不足,希望能通过非教学的手段,实现人类智慧接力棒的传递。

基于上述目的,作者倾尽自己的力量完成了这套各自独立的数学读物,它们是:《偶然中的必然》《未知中的已知》《否定中的肯定》《变量中的常量》《无限中的有限》《抽象中的形象》,分别讲述概率、方程、逻辑、函数、极限、图形等有趣的故事。作者心目中的读者,是广大的中学生和数学爱好者,他们应该是衡量本书优劣最为精准的天平。

由于作者水平有限,书中的缺点、错误在所难免,敬请读者不吝指出。

但愿本书能做引玉之砖,抛临人间!

张远南

2019 年 12 月

CONTENTS ○ 目录

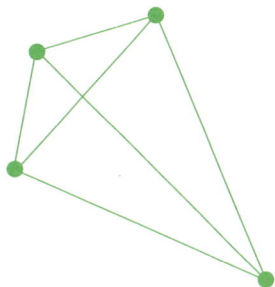

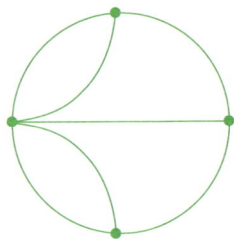

一、神奇的功勋

　　北宋庆历、皇祐年间,广源州蛮族首领侬智高在南部不断扩张势力,建立"南天国"政权。1052 年 4 月,侬智高起兵反宋,5 月攻陷邕州(即今南宁),自立"仁惠皇帝",又自邕州沿江而下,所向皆捷,朝野震动。

　　1053 年,大将狄青奉旨征讨侬智高。因为当时南方有崇拜鬼神的风俗,所以大军刚到桂林以南,他便设坛祭拜天神,说:"这次用兵,胜败还没有把握。"于是,他拿了一百枚铜币向天神许愿:"如果这次出征能够打败敌人,那么把这些铜币扔在地上,钱面(不铸文字的那一面)定然会全部朝上。"

　　左右官员诚惶诚恐,力劝主师放弃这个念头,因为经验告诉他们,这种尝试是注定要失败的。他们担心最终钱面无法全部朝上,反而会动摇部队的士气。

可是狄青对此一概不理,固执如牛。在千万人的注视下,他突然举手一挥,把铜币全部扔到地上。结果这一百个铜币的钱面,竟然鬼使神差般地全部朝上。这时,全军欢呼,声音响彻山村和原野。

狄青本人也兴奋异常,他命令左右士兵,取来一百枚钉子,依照铜币落地的位置,用钉子牢牢地将铜币钉在地上,并向天神祈祷道:"等到胜利归来,定将酬谢神灵,收回铜币。"

由于士兵个个认定有神灵护佑,在战斗中奋勇争先,于是,狄青迅速平定了邕州。

回师时,狄青让下属按原先所约,把铜币取回。他的下属们一看,原来那些铜币两面都铸成了一样的钱面。

狄青由于建立了奇功而升了官。侬智高败逃大理,不知所终。历史的一页,就这么轻轻地翻了过去。从那时起,时间的长河又把人类的文明史,向前推进了近千年。狄青的奇功,以其独有的光彩,给人世间留下了永恒的启迪。要领略这一层道理,还得从下面的常识谈起。

大千世界,人们所遇到的现

象不外乎两类。一类是确定性现象,另一类是随机遇而发生的不确定现象。这类不确定现象叫作随机现象。

如在标准大气压下,水加热到100℃时沸腾,是确定会发生的现象。石蛋孵出小鸡,是确定不可能发生的现象。而人类家庭的生男生女,适当条件下的种子发芽等,则是随机现象。

我们生活着的世界,充满着不确定性。人们虽然能够精确地预卜尚未发生的必然事件,却难以预卜尚未发生的随机事件。我们人类就生活在这种随机事件的海洋里。

现在回到故事的主人公身上来。

身为大将军的狄青何尝不知道,掷一枚铜币,出现正、反面是随机的。掷两枚铜币会出现4种可能:

(正,正)、(正,反)、(反,正)、(反,反)。

掷3枚铜币会出现8种可能:

(正,正,正)、(正,正,反)、(正,反,正)、(正,反,反)、(反,正,正)、(反,正,反)、(反,反,正)、(反,反,反)。

以后每多掷一枚铜币,各种正、反面的配合种数便增多一倍。因此,掷一百枚铜币出现某种特定情况(如钱面全部朝上)的希望是极为渺茫的。这应当是人所共知的经验。狄青的下属正是由于也深知这一

西沙出土的宋初铜币

点,才力劝主帅放弃这种尝试的。广大的士兵出于对鬼神的崇拜、经验的启示,以及对主帅的敬畏与神秘感,则疑信参半,拭目

以待。

聪明的狄青，注意到人们在观察随机现象时，往往过于相信自身的经验，而忽视了前提条件。因此，他用偷梁换柱的办法，巧妙地更换了"铜币有正反两面"的前提，把铜币两面铸成一样。这时，对狄青来说，一百枚钱面全部朝上，就是个必然事件，但在别人看来，却是几乎不可能出现的。然而，这件事居然奇迹般地发生了！那时那刻，在众人的心目中，兴奋战胜了怀疑。他们觉得，神灵的护佑是这种超乎寻常巧合的唯一解释。于是，这竟然激发起千军万马的勇气，使狄青赢得了战争的胜利。

这个故事给人的启示是：观察一种现象，不能忽视它的前提。

二、从死亡线上生还的人

在"一、神奇的功勋"中我们看到,在一种前提下的随机事件,在另一种前提下可能成为必然事件。同样地,在一种前提下的必然事件,在另一种前提下也可能不出现。下面两则"从死亡线上生还"的故事,生动地说明了这一点。

第一个从死亡线上生还的故事。

传说古代有一位阴险狡诈、残暴凶狠的国王。有一次他抓到一个反对者,决意要将他处死。虽说国王心中早已打定主意,然而嘴上却假惺惺地说:"让上帝的旨意决定这个可怜人的命运吧!我允许他在临刑前说一句话。如果他讲的是真话,那么他将受刀斩;如果他讲的是假话,那么他将被绞死;只有他的话使我缄默不言,那才是上帝的旨意让我赦免他。"

在这番冠冕堂皇话语的背后，国王的如意算盘是，尽管话是由你讲的，但判定真话、假话的权力在我，该绞该斩还不是凭我的一句话！

的确，如果判断的前提只是国王孤立的一句话，那么这位反对者是必死无疑的了。然而愚蠢的国王无论如何没有料到，要是判断真话或假话的前提是指自己所说的话的意思，那么情况将完全变了样。聪明的反对者正是利用这一点，使自己获释的。

亲爱的读者，你猜得到国王的反对者说了一句什么样的话吗？可能你已经猜到了，也可能你还在思考。好！让我告诉你，他所说的话是："我将被绞死。"

对这句话国王能怎么判断呢？如果他断言这句话是"真话"，那么此时按规定犯人应当处斩，然而犯人说的是自己"将被绞死"，因而显然不能算为"真话"。又若国王判定此话为"假话"，那么按说假话的规定，犯人将受绞刑，但犯人恰恰就是说自己"将被绞死"，这岂不表明他的话是真的吗？可见也不能断为假话。

由于国王无法自圆其说，为了顾全自己的面子，只好缄默不言，让犯人得到自由。

第二个从死亡线上生还的故事。

相传古代有个王国,由于崇尚迷信,世代沿袭着一条奇特的法规:凡是死囚,在临刑前都要抽一次"生死签"。即在两张小纸片上分别写着"生"和"死"的字样,由执法官监督,让死囚当众抽签。如果抽到"死"字的签,就立即行刑;如果抽到"活"字的签,则被认为这是神的旨意,应予以当场赦免。

有一次国王决定处死一名大臣,这名大臣因不满国王的残暴统治而替老百姓讲了几句公道话,为此国王震怒不已。他决心不让这名敢于"犯上"的大臣得到半点获赦的机会。于是,他与几名心腹密谋暗议,终于想出了一条狠毒的计策:暗嘱执法官,把"生死签"的两张签纸都写成"死"字。这样,不管囚臣抽的是哪张签纸,终难幸免于死。

世上没有不透风的墙,国王的诡计终于被外人所察觉。许多悉知内情的官员,虽然十分同情这位正直的同僚,但慑于国王的淫威,也只是敢怒而不敢言。就这样终于挨到了临刑的前一天,一位好心的看守含蓄地对囚臣说:"你看看有什么后事需要交代,我将尽力为你奔劳。"看守吞吞吐吐的神情,引起了囚臣的怀疑,百问之下,他终于获知阴谋的内幕。看守原以为囚臣会为此神情沮丧,有心好言相慰几句,但见他陷入沉思,片刻后脸上焕发出兴奋的光芒,这使看守感到惊讶不已。

在国王一伙看来,这个"离经叛道"的臣子的"死"是必然事件,因为他们考虑的前提条件是"两死抽一"。然而聪明的囚臣,正是巧妙利用了这一点而使自己获赦的。

囚臣是怎样死里逃生的呢？

原来，当执法官宣布抽签的办法之后，但见囚臣以极快的速度抽出一张签纸，并迅速塞进嘴里。待到执法官反应过来，嚼烂的纸团早已被他吞下。执法官赶忙追问："你抽到了'死'字签还是'生'字签？"囚臣故作叹息说："我听从天意安排，如果上天认为我有罪，那么这个咎由自取的苦果我已吞下，只要查看剩下的签是什么字就清楚了。"这时，在场的群众异口同声地赞成这个做法。

剩下的签当然写着"死"字，这意味着囚臣已经抽到"生"字签。国王和执法官有苦难言，由于怕触犯众怒，只好当众赦免了囚臣。

本来，这位囚臣抽到"生"字签还是"死"字签是一个随机事件，抽到每一种的可能性各占一半。但由于国王一伙"机关算尽"，想把这种"有一半可能死"的随机事件，变为"必定死"的必然事件，终于搬起石头砸了自己的脚，反使囚臣因此得以死里逃生。

三、偶然中的必然

从表面上看,随机现象的每一次观察结果都是偶然的,但多次观察某个随机现象,则可能发现:在大量的偶然之中存在着必然的规律。

就拿掷钱币来说吧!一枚均匀的钱币掷到桌上,出现正面还是反面预先是无法断定的。假如我们掷的钱币不止一枚,或掷的次数不止一次,那么出现正、反面的情况又将如何呢?这可是一个有趣的问题。

历史上就有人做过成千上万次投掷钱币的试验,表 3.1 列出的是几位知名人士的试验记录。

表 3.1　投掷钱币试验记录

实验人	投掷次数	出现正面	频率（正面出现次数/投掷次数）
德摩根	2048	1061	0.5181
比丰	4040	2048	0.5069
皮尔逊	12 000	6019	0.5016
皮尔逊	24 000	12 012	0.5005

　　容易看出，投掷的次数越多，频率越接近 0.5。这中间究竟有些什么奥妙？第一个科学地指明其中规律的，是世界数学史上著名的伯努利家族的雅各·伯努利（Jacob Bernoulli，1654—1705）。伯努利家族是从荷兰移居到瑞士的新教徒。从 17 世纪末到 18 世纪，这个家族的三代人，出了 8 位杰出的数学家。雅各是其中最负盛名的一位。他几乎是靠自学成才的。但由于过人的才华和造诣，从 33 岁起到逝世的 18 年时间里，他一直受聘为巴塞尔大学教授。他的名著《推测术》是概率论中的一座丰碑。书中证明了极有意义的大数定律。这个定律说明：当试验次数很大时，事件出现的频率和概率有较大偏差的可能性很小，因此可用频率来近似地代替概率。这个定律使伯努利的名字永载史册。

　　大数定律：当试验次数很大时，随机事件 A 出现的频率，稳定地在某个数值 p 附近摆动。这个稳定值 p 叫作随机事件 A 的概率，记为 $P(A)=p$。

频率的稳定性可以从人类生育的统计中得到生动的例证。一般人或许会认为,生男生女的可能性是相等的,因而推测男婴和女婴出生人数的比应当是 1∶1,可事实并非如此。

1814 年,法国著名的数学家皮埃尔·拉普拉斯(Pierre Laplace,1749—1827)在他的新作《概率的哲学探讨》一书中,记载了以下有趣的统计。他根据伦敦、圣彼得堡、柏林和全法国的统计资料,得出几乎完全一致的男婴出生人数与女婴出生人数的比值为 22∶21,即在全体出生婴儿中,男婴占 51.16%,女婴占 48.84%。可奇怪的是,当他统计 1745—1784 年整整 40 年间巴黎男婴的出生率时,却得到了另一个比值 25∶24,即在全体出生婴儿中,男婴占 51.02%,与前者相差 0.14%。

0.14%的微小差异!拉普拉斯对此感到困惑不解,他深信自然的规律,他觉得在这 0.14%的后面,一定有着特别的原因。于是,拉普拉斯进行了深入的调查研究,终于发现当时的巴黎人"重女轻男",有抛弃男婴的陋俗,以至于歪曲了出生率的真相。经过修正,巴黎男婴、女婴出生的概率依然是:

$$P(男) = 0.512$$
$$P(女) = 0.488$$

我国的几次人口普查统计表明,男婴、女婴出生人数的比也是 22∶21。

为什么男婴出生率要比女婴出生率高一些呢?这是生物学上的一个有趣课题。

    原来,人类体细胞中含有 46 条染色体。这 46 条染色体都是成对存在的,分为两套,每套中位置相同的染色体具有相同的功能,共同控制人体的一种性状。第 23 对染色体是专司性别的,这一对因男女而异:女性的这一对都是 X 染色体;男性的这一对中一条是 X 染色体,另一条是 Y 染色体。由于性细胞的染色体都只有单套,所以男性的精子有两种,一种含 X 染色体,另一种含 Y 染色体,而女性的卵子,则全部含 X 染色体。生男生女取决于含 X 染色体和 Y 染色体的两种精子同卵子的结合。如果带 Y 染色体的精子同卵子结合,则生男;如果带 X 染色体的精子同卵子结合,则生女。大概是由于含 X 染色体的精子与含 Y 染色体的精子之间存在某种差异吧!这使得它们进入卵子的机会不尽相同,从而造成男婴和女婴出生率的不相等!生物学家应当感谢数学家发现了这个问题。

(男)　(女)

    以上事实表明:在大量纷纭杂乱的偶然现象背后,往往隐藏着必然的规律。"频率的稳定性"就是这种偶然中的一种必然。

四、威廉·向克斯的憾事

圆周率 π 是圆周长与直径的比值。一部计算圆周率的历史，被誉为人类"文明的标志"。公元前 3 世纪，古希腊著名学者阿基米德（Archimedes，公元前 287—前 212）首先在完全科学的基础上计算出 π≈3.14。263 年前后，我国魏晋时期的数学家刘徽，利用割圆术计算了圆内接正 3072 边形的面积，求得 π≈$\frac{3927}{1250}$＝3.1416。又过了约两百年，我国南北朝时期的杰出数学家祖冲之（429—500）用至今人们还不清楚的方法，确定了 π 的真值在 3.141 592 6 与 3.141 592 7 之间。祖冲之获得这一光辉成

祖冲之

果,要比国外数学家早大约 1000 年。今天,人们为了纪念这位卓越数学家的不朽功绩,特将月球背面的一个山脉以"祖冲之"命名。

祖冲之之后第一个做出重大突破的是阿拉伯数学家阿尔·凯西(Al-Kāshī,1380—1450),他计算了圆内接和外切正805 306 368(3×2^{28})边形的周长后得出

$$\pi \approx 3.141\ 592\ 653\ 589\ 793\ 2$$

1610 年,德国人鲁道夫·范·柯伦(Ludolph van Ceulen,1540—1610)把 π 算到了小数点后 35 位。后来,纪录一个接一个地被刷新:1706 年,π 的计算越过了百位大关,1842 年达到了 200 位,1854 年突破了 400 位……

1872 年,英国学者威廉·向克斯(William Hianx,1812—1882)把 π 的值算到了小数点后 707 位。为此,他花费了整整20 个年头。向克斯去世后,人们在他的墓碑上刻下了他一生心血的结晶——π 的 707 位小数。此后 50 多年,人们对向克斯的计算结果深信不疑,以至于在 1937 年巴黎博览会发现馆的天井里,依然显赫地刻着向克斯的 π 值。

又过了若干年,数学家法格逊对向克斯的计算结果产生怀疑,法格逊的疑问是基于以下奇特的想法:在 π 的数值式中,大约不会对一两个数值有所偏爱。也就是说,各数值出现的概率都应

当等于 $\frac{1}{10}$。于是,他检查了向克斯 π 的前 608 位小数中各数值出现的情况,统计结果如表 4.1 所示。

表 4.1　向克斯计算出的 π 的前 608 位小数中各数值的出现频率

数值	出现次数	出现频率	与设想频率相差
0	60	0.099	−0.001
1	62	0.102	+0.002
2	67	0.110	+0.010
3	68	0.112	+0.012
4	64	0.105	+0.005
5	56	0.092	−0.008
6	62	0.102	+0.002
7	44	0.072	−0.028
8	58	0.095	−0.005
9	67	0.110	+0.010
	608	1.000	

　　法格逊觉得,向克斯计算的 π 中,各数值出现次数过于参差不齐,大概是因为计算有错。于是,他下定决心,用当时最先进的计算工具,从 1944 年 5 月到 1945 年 5 月,整整算了一年,终于发现,向克斯 π 的 707 位小数中,只有前 527 位是正确的。由于当初向克斯没有发现,结果白白浪费了许多年的光阴去计算后面错误的数,这真是一件憾事。

　　值得一提的是,法格逊的成就是基于他的一个猜想,即在 π

的数值中各数出现的概率相等。尽管这个猜想曾让法格逊发现并纠正了向克斯的错误,然而猜想毕竟不等于事实!法格逊想验证它,却无能为力,人们想验证它,又苦于已知 π 的位数太少。

但是情况很快有了转机。随着电子计算机的出现和应用,计算 π 的值有了飞速进展。1961 年,美国学者丹尼尔和伦奇把 π 算到了小数点后 100 265 位,20 年后,日本人又把纪录推过了 2 000 000 位大关(最新的纪录是:2019 年 3 月 14 日,谷歌宣布已将 π 计算到小数点后 3.14×10^{13} 位)。于是,人们的心中又重新燃起了验证法格逊猜想的希望之火。1973 年,法国学者让·盖尤与他的助手合作,对 π 的前 100 万位小数中各数值出现的频率进行了统计,得出以下结果(表 4.2)。

表 4.2 π 的前 100 万位小数中各数值的出现频率

数值	出现次数	出现频率
0	99 959	0.1000
1	99 758	0.0998
2	100 026	0.1000
3	100 229	0.1002
4	100 230	0.1002
5	100 359	0.1003
6	99 548	0.0995
7	99 800	0.0998
8	99 985	0.1000
9	100 106	0.1001
	1 000 000	1.0000

从表 4.2 可以看出，尽管各数值的出现频率存在某种波动，但基本上平分秋色。看来，法格逊的想法应当是正确的！在 π 的数值展开式中有

$$P(0)=P(1)=P(2)=\cdots=P(9)=0.1$$

五、勒格让先生的破译术

在美国著名作家埃德加·爱伦·坡（Edgar Allan Poe，1809—1849）的小说《金甲虫》中，有这么一位勒格让先生。一天，当他沿着一片荒凉的海滩散步时，偶然发现一张埋在湿沙里的羊皮纸。他把这张羊皮纸带回家里。当他坐在火炉旁烤火的时候，一件奇迹发生了！原来毫不起眼的羊皮纸，在火的烘烤下，竟神奇般地显现出一些清晰可辨的红色符号。

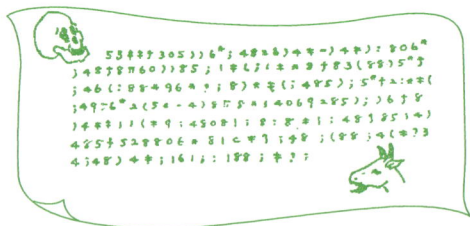

符号里有一个人头骨,这是海盗的标记。还有一个山羊头,由于英语中的山羊 Kid 与基德 Kidd 音形均接近,表明这张纸是著名海盗基德船长的手稿。纸上记录的秘密符号,无疑是基德船长用来记录自己在何处埋藏着一批珍宝的。

勒格让先生为自己的发现欣喜若狂。他想,要是能弄清基德船长手稿上各种符号的秘密,就会得到一笔意外的财产。于是,他立即着手破译手稿上的密码。起初,任凭勒格让先生绞尽脑汁,百般尝试,却总是收效甚微。最后,他想到了概率论。他首先注意到在基德的手稿中 8 字出现最多,居然有 33 次。另外他也了解到,在当时一般的英文书籍中,字母 e 出现的次数遥遥领先,其余的字母,按出现概率的大小依次是

a,o,i,d,h,n,r,s,t,u,y,c,f,g,l,m,w,b,k,p,q,x

勒格让想,莫非 8 就是 e?! 他为自己的大胆猜想所鼓舞,连忙按同样的方法列出了手稿中各种记号出现的频率顺序表,并把它与上面讲的英文字母出现的概率顺序相比较,如表 5.1 所示。

表 5.1　比较表

符　号	出 现 次 数	按概率顺序排列
8	33	e
;	26	a
4	19	o
)	16	i
≠	15	d

续表

符　号	出　现　次　数	按概率顺序排列
*	14	h
5	12	n
6	11	r
(	10	s
l	8	t
f	8	u
0	6	y
9	5	c
2	5	f
3	4	g
:	4	l
?	3	m
π	2	w
-	1	b
—	1	k
	203	

　　然而这样一来，基德船长的手稿成了

　　　　ngddugyniirhaoefrio…

什么意思也没有表达！

　　这是怎么回事？莫非基德船长这个老滑头诡计多端，采用了其他的密码编制法？根本不是！原因只是手稿中符号字数太少，总共只有 203 个，以至于大数定律在这里起不了作用。如果基德船长把珍宝用一种更为复杂的方法藏起来，然后用好几页纸甚至一本书来写出密码，那么勒格让先生的破译术将会有更大的成功把握!

　　当然,勒格让先生走出的第一步是至关重要的,因为字母出现的概率最大这件事,也只是一种大概,而不是肯定。如果基德船长手稿中出现最多的 8 不是 e 的话,那么爱伦·坡先生的小说情节,大约要重新写过。好在作家笔下的勒格让先生还算是一个有头脑的人物,他注意到了短短的手稿中居然出现了 5 次 88,于是联想起英语字母 e 经常双写,如 bee,meet,speed,agree,tree 等,这使他进一步相信 8 就是 e。

　　不仅如此,勒格让先生的成功还在于他的科学推理。例如,他注意到 203 字的手稿中,竟出现 7 个";48",他觉得一段英语文字是不可能不出现定冠词 the 的,再加上 8 就是 e 的设想,自然就有

$$; \rightarrow t$$
$$4 \rightarrow h$$
$$8 \rightarrow e$$

　　读者尽可以仿照勒格让先生的推理,去破译基德船长手稿中的秘密。例如,由双元音 ee(即符号 88)的连写,找到突破口,从文中

$$; 48;(88 \rightarrow \text{the t}\square\text{ee}$$

考虑到财富的存放地,通常会有树木做标志,这样所空的字母判断为 r,就理所应当了。于是,我们又有

$$(\rightarrow r$$

　　我们还可以想象到,要准确描述一个位置,常常会涉及尺

寸,因此手稿中出现 feet 一词大约也是读者所期望的,但这只有在手稿的最后一行才能找到,那里有"l88;",后 3 个符号已经知道是 eet,因此,应当推测有

$$l \rightarrow f$$

又注意到在 feet 前面,通常要有一个数词,但它前面的符号是

$$l6l;:$$

其中已有 3 个符号被判明:

$$f\square ft\square$$

如此格式的数词只能是 fifty,于是又推出

$$6 \rightarrow i$$

$$: \rightarrow y$$

读者需要做的破译工作还有很多很多,这将是一项艰巨而有趣的工作。不过,我们这里要告诉读者的是勒格让先生的破译结果,见表 5.2。

表 5.2　破译结果

符　号	出　现　次　数	实际代入的字母
8	33	e
;	26	t
4	19	h
)	16	s
≠	13	o
*	14	n
5	12	a

续表

符　号	出 现 次 数	实际代入的字母
6	11	i
(	10	r
1	8	f
f	8	d
0	6	l
9	5	m
2	5	b
3	4	g
:	4	y
?	3	u
π	2	v
–	1	c
—	1	p
	203	

于是，基德船长的手稿，恢复成英文的面目是：

"A good glass in the bishop's hostel in the devil's seat. Forty-one degrees and thirteen minutes northeast and by north. Main branch seventh limb east side. Shoot from the left eye of the death's head. A beeline from the tree through the shot fifty feet out."

这段文字的中文意思是："在主教驿站里魔鬼像座位下有面好镜子。东北偏北 41 度 13 分。主干上朝东的第 7 根树枝。从骷髅的左眼开一枪。从那棵树沿子弹方向走 50 英尺。"

六、比丰的投针试验

　　1777 年的一天,法国科学家比丰(Buffon,1707—1788)的家里宾客满堂,原来他们是应主人的邀请前来观看一次奇特试验的。

　　试验开始,但见年已古稀的比丰先生兴致勃勃地拿出一张纸来,纸上预先画好了一条条等距离的平行线。接着他又抓出一大把原先准备好的小针,这些小针的长度都是平行线间距离的一半。然后比丰先生宣布:"请诸位把这些小针一根一根往纸上扔吧!不过,请大家务必把扔下的针是否与纸上的平行线相交告诉我。"

　　客人们不知比丰先生要玩什么游戏,只好客随主便,一个个加入了试验的行列。一把小针扔完了,把它捡起来又扔。而比丰先生本人则不停地在一旁数着、记着,如此这般地忙碌了将近一个小时。最后,比丰先生高声宣布:"先生们,我这里记录了诸位刚才的投针结果,共投针 2212 次,其中与平行线相交的有 704 次。总数 2212 与相交数 704 的比值为 3.142。"说到这里,比丰先生故意停了停,并对大家报以神秘的一笑,接着有意提高声调说:"先生们,这就是圆周率 π 的近似值!"

众客哗然,一时议论纷纷,大家全部感到莫名其妙。

"圆周率 π?这可是与刚才的游戏半点也不沾边的呀!"

比丰先生似乎猜透了大家的心思,得意扬扬地解释道:"诸位,这里用的是概率的原理,如果大家有耐心的话,再增加投针的次数,还能得到 π 的更精确的近似值。不过,要想弄清其间的道理,只好请大家去看敝人的新作了。"说着比丰先生扬了扬自己手上的一本《或然性算术试验》。

π 在这种纷纭杂乱的场合出现,实在是出乎人们的意料,然而它却是千真万确的事实。由于投针试验的问题是比丰先生最先提出的,所以数学史上就称它为比丰问题。比丰得出的一般结果是:如果纸上两平行线间相距为 d,小针长为 l,投针的次数为 n,所投的针当中与平行线相交的次数为 m,那么当 n 相当大时有

$$\pi \approx \frac{2ln}{dm}$$

在上面故事中,针长 l 恰等于平行线间距离 d 的一半,所以代入上面公式简化得

$$\pi \approx \frac{n}{m}$$

值得一提的是,后来有不少人步比丰先生的后尘,用同样的方法,但取不相同的 $l:d$ 值来计算 π。如 1850 年的沃尔夫(Wolf)试验,他取 $l:d=0.8$,每次投针 5000 次,平均相交数为 2532 次,算得 $\pi=3.1596$;又如 1884 年的福克斯(Fox)试验,他取 $l:d=0.75$,每次投针 1030 次,平均相交数为 489 次,算得 $\pi=3.1595$;再如 1925 年的雷娜(Reina)试验,她在平行线间距为 1 的纸上,取平均针长为 0.5419,每次投针 2520 次,平均相交数为 859 次,算得 $\pi=3.1795\cdots$不过,其中最为神奇的,要算意大利数学家拉兹瑞尼(Lazzerini)。他在 1901 年宣称进行了多次的投针试验,取 $l=d$,每次投针数为 3408 次,平均相交数为 2169.6 次,代入比丰公式,求得 $\pi\approx3.141\,592\,9$。这与 π 的精确值相比,一直到小数点后第 7 位才出现不同!用如此巧妙的办法,得到如此高精度的 π 值,这真是天工造物!

不过,对于拉兹瑞尼的结果,人们一向非议颇多。如著名的美国韦伯州立大学的巴杰教授,对此就甚是不以为然!究其原因,也不能说都没有道理,因为在数学中最接近 π 真值的、分母

较小的几个分数是：

$$\frac{22}{7} \approx 3.14$$

$$\frac{333}{106} \approx 3.1415$$

$$\frac{355}{113} \approx 3.141\ 592\ 9$$

$$\frac{103\ 993}{33\ 102} \approx 3.141\ 592\ 653$$

而拉兹瑞尼居然投出了和 $\frac{355}{113}$ 一样的结果，对于万次之内的投掷，几乎不可能有更好的结果了。难怪有不少人提出怀疑："有这么巧吗？"但多数人鉴于拉兹瑞尼一生勤勉谨慎，认为他确实是"碰上了好运气"。事实究竟如何，现在也无从查考了！

我想，喜欢思考的读者，一定还想知道比丰先生投针试验的原理，其实这也没什么神秘的，下面就是一个简单而巧妙的证明。

找一根铁丝弯成一个圆圈，使其直径恰恰等于平行线间的距离 d。可以想象得到，对于这样的圆圈来说，不管怎么扔下，都将和平行线有两个交点。因此，如果圆圈扔下的次数为 n 次，那么相交的交点总数必为 $2n$。

现在设想把圆圈拉直，变成一条长为 πd 的铁丝。显然，这样的铁丝扔下时与平行线相交的情形

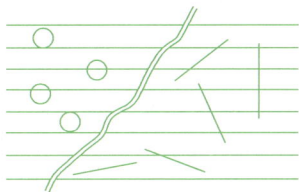

要比圆圈复杂些,可能有 4 个交点、3 个交点、2 个交点、1 个交点,甚至于都不相交。

由于圆圈和直线的长度同为 πd,根据机会均等的原理,当它们投掷次数较多,且投掷次数相等时,两者与平行线组交点的总数可能也是一样的。这就是说,当长为 πd 的铁丝扔下 n 次时,与平行线相交的交点总数应大致为 $2n$。

现在转而讨论铁丝长为 l 的情形。当投掷次数 n 增大的时候,这种铁丝跟平行线相交的交点总数 m 应当与长度 l 成正比,因而有 $m=kl$,式中 k 是比例系数。

为了求出 k 来,只需注意到,对于 $l=\pi d$ 的特殊情形,有 $m=2n$。于是求得 $k=\dfrac{2n}{\pi d}$。代入前式就有

$$m \approx \frac{2ln}{\pi d}$$

从而

$$\pi \approx \frac{2ln}{dm}$$

这就是著名的比丰公式!

利用比丰公式,我们还可以设计出求 $\sqrt{2}$、$\sqrt{3}$、$\sqrt{5}$ 等数的近似值的投针试验呢! 亲爱的读者,难道你不想试一试吗? 这只需把 l/d 选的等于你要求的那个数就行,不过这时的 π 要当成已知的。

看! 多么奇妙的概率!

七、一场关于投掷骰子的争论

这是一场有趣的争论。

一个星期天的下午，小聪正在用两个骰子做投掷游戏。小聪是个喜欢动手动脑的孩子，他想摸索出一套有关投掷点数的规律。大家知道，骰子是一个六面分别刻有 ⚀、⚁、⚂、⚃、⚄、⚅ 点样的小正方体。两个骰子最多可以掷出"12 点"。小聪不断地试验着，扔了一次又一次，并把结果记了下来。他发现要扔到"12 点"实在是太难了，有将近一半的时候都是扔到"6点""7 点""8 点"。

这时小明从外面急匆匆走进来，他想邀小聪去打球。小明是小聪的好朋友，平时头脑反应敏捷，喜欢出一些别人意想不到的点子。他看到小聪在不停

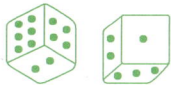

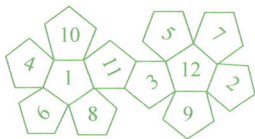

地掷骰子,便不加思索地说:"好啦！明天我做一个大骰子让你慢慢扔,怎么样？还不比你一次用两个小骰子强！"

"一个大骰子?!"小聪一时没弄清小明的意思。

"用正十二面体,各面标上数字 1 到 12 不就得啦!"小明得意洋洋地解释说。

"这样的大骰子替得了两个小骰子吗?"小聪陷入了深思。他总感到小明的主意有点不对劲,但一时又找不出什么理由。

"怎么不行!"小明急忙分辩说,"正十二面体,各面机会均等,每个数字扔到的可能性都是 1/12。"

小明的话使小聪突然感到眼前一亮,他想到了一个很重要的论据,反问道:

"数字 1,你的大骰子可以扔出数字 1,我的两个小骰子能扔

出'1点'吗？"

小明语塞。但他很快又组织出新的话题：

"我们不会改做一个正十一面体？各面从数字 2 编到 12!"

"我看过一本书，书上说正多面体只有 5 种。"小聪挺认真地继续说："除了正方体和正十二面体以外，另外 3 种是正四面体、正八面体和正二十面体。根本不可能有你讲的正十一面体!"

(正四面体) (正八面体) (正二十面体)

小聪的话是对的，看来他的知识面似乎比小明更广一些。

这场关于投掷骰子的有趣争论，自然以小明认输而告终。但小明的输，主要还不在于正十一面体不存在，而在于两个小骰子扔出的各种点数的机会并不均等。小聪已经从自己的试验中隐隐约约察觉到这一点，只是还没有来得及深入探讨下去。这正是我们下面需要继续的工作。

大家知道，掷一个骰子点数的出现有 6 种可能；而掷两个骰子时，由于对第一个骰子的每种点数，都可以搭配第二个骰子的 6 种点数，因此共有 $6×6＝36$ 种的搭配可能。很明显，这 36 种点数搭配都是机会均等的，也就是每种搭配的概率都是 $\frac{1}{36}$。但一种点数的出现，往往不止有一种搭配的方式，而可能有"若干"种搭配的方式,因此这种点数出现的概率就应当等于$\dfrac{1}{36}$的若干倍。为了进一步弄清各种点数的搭配规律,我们列出表 7.1 进行观察。

表 7.1　点数搭配情况表

出现点数	搭配情况	搭配数	出现概率
2		1	$\dfrac{1}{36}$
3		2	$\dfrac{2}{36}=\dfrac{1}{18}$
4		3	$\dfrac{3}{36}=\dfrac{1}{12}$
5		4	$\dfrac{4}{36}=\dfrac{1}{9}$
6		5	$\dfrac{5}{36}$
7		6	$\dfrac{6}{36}=\dfrac{1}{6}$
8		5	$\dfrac{5}{36}$
9		4	$\dfrac{4}{36}=\dfrac{1}{9}$
10		3	$\dfrac{3}{36}=\dfrac{1}{12}$
11		2	$\dfrac{2}{36}=\dfrac{1}{18}$
12		1	$\dfrac{1}{36}$
总计		36	1

从表 7.1 可以看出，出现"6 点""7 点""8 点"3 种点数的概率为

$$P(6) + P(7) + P(8) = \frac{5}{36} + \frac{6}{36} + \frac{5}{36} = \frac{4}{9}$$

几乎占了所有可能情况的一半。而出现"2 点"或"12 点"的概率，各都只有 $\frac{1}{36}$，因而"2 点"或"12 点"是极不容易出现的。这跟小聪在试验中观察到的结果是一致的。上面的结论意味着，即使存在正十一面体，这场争论小明也是注定要失败的。

八、求 π 的"魔法"

　　如果你对比丰先生用投针来求圆周率 π 觉得疑惑不解，那么，以下这个近乎"魔术"般的求 π 方法，一定会让你感到震惊！

　　大约在 1904 年，R. 查尔特勒斯（R. Chartres）做了下面的试验：他让 50 名学生每人随机写出 5 对正整数。在所得到的 250 对正整数中，他检查了互素的数目有 154 对，得到概率是 $\frac{154}{250}$。

而理论上两个随机正整数互素的概率为 $\frac{6}{\pi^2}$，代入计算得

$$\pi \approx \sqrt{6 \times \frac{250}{154}} = 3.12$$

这实在过于出人意料！随机写下的正整数，竟会与圆周率 π 产生联系。须知，在整个实验中，那些有头脑的学生，他们对于数字的书写完全是随心所欲的。大家根本不知道写下这些数究竟要干什么，甚至认为是一种滑稽的游戏而不屑一顾。然而，当他们知道自己正在实际地确定 π 的值时，该是何等惊讶和震动啊！

要严格证明两个随机选取的自然数，它们互素的概率为 $\frac{6}{\pi^2}$，需要用到超出初中范围的数学知识。而且目前我们也还没找到像比丰公式那样简单而巧妙的证明。但是，关于 π 竟会在这样的场合出现的种种疑虑和迷惑，当你看完下面的类似例子之后，将会一并消除。

随机写出两个小于 1 的正数 x 和 y，它们与数 1 在一起，正好构成一个锐角三角形三边边长的概率为 $1 - \frac{\pi}{4}$。

这个例子的结构和前面查尔特勒斯的试验极其类似。然而，它的证明却无须动用很多的知识，亦不用花费很大的气力。

事实上，由于 x 和 y 都是在 0 与 1 之间随机选取的，所以点 (x, y) 均匀地分布在单位正方形 I 的内部（图 8.1）。如果符合条件的点落在阴影区域 G 上，那么，根据机会均等的原则，所求

的概率应为

$$p = \frac{G \text{ 的面积}}{I \text{ 的面积}}$$

现在假设以 $x,y,1$ 为三边的三角形是 $\triangle ABC$（图 8.2），其中 $\angle C$ 对应最大的边 1。为使 $x,y,1$ 能构成任何种类的三角形，注意到 x,y 为小于 1 的正数的限制，知

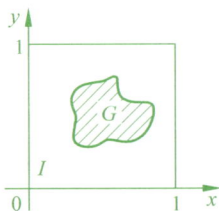

图 8.1

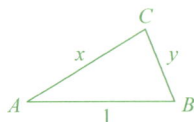

图 8.2

$$x + y > 1$$

又 $\angle C$ 为锐角，应用余弦定理可得

$$1^2 = x^2 + y^2 - 2xy\cos\angle C < x^2 + y^2$$

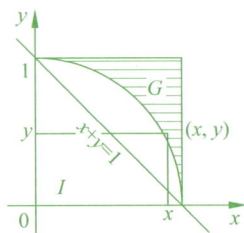

图 8.3

满足上面两式，且在单位正方形 I 内的区域，即图 8.3 阴影区域 G。G 的曲边周界，是以原点为中心、1 为半径的 1/4 圆周。由于 G 的面积为

$$S_G = S_I - \frac{1}{4}S_\odot = 1 - \frac{\pi}{4}$$

这就证明了所述问题的概率为

$$p = \frac{S_G}{S_I} = \frac{1 - \dfrac{\pi}{4}}{1} = 1 - \frac{\pi}{4}$$

看！π 确实出乎意料地出现在随机写数的场合中,这是多么神奇,多么超乎想象啊！

有了上面的结果,读者便可以仿效查尔特勒斯去设计自己的实验了。设想,你请来许多同学和朋友(人越多越好),或在某次集会之后,宣布由你主持表演"科学魔术"。表演时,让大家各自随意写下两个小于 1 的正数。顺便请他们各自检查一下,所写的两数与 1 是否是一个锐角三角形的三边边长。作为主角的你,只需将每人报告的"能"或"不能"构成锐角三角形的三边边长的结论记录下来就行了。倘若有 n 个人说"能",而有 m 个人说"不能",那么根据公式

$$\frac{n}{n+m} \approx 1 - \frac{\pi}{4}$$

算得

$$\pi \approx 4 \cdot \left(1 - \frac{n}{n+m}\right) = \frac{4m}{n+m}$$

你可以当众宣布这一惊人的结果！不过,我得提醒你,到时可能会有一场不小的轰动,你要有向大家做解释的准备。

九、"臭皮匠"与"诸葛亮"

常言道：三个臭皮匠，顶一个诸葛亮。这是对人多办法多、人多智慧高的一种赞誉。但是，当你得知这一富有哲理的话语，可以用概率的理论，定量地加以证明时，你一定会对此深感意外！

为了让你确信这一点，我们先介绍两个事件的独立性概念：如果一个事件的出现与另一个事件的出现无关，我们就说这两个事件是互相独立的。例如，甲的思维与乙的思维，只要没有预先商讨过，便是独立的；又如，某地有人患肺炎与沙眼，这两件事是互相独立的；再如，两次射击，第一次射击命中与第二次射击命中，也是互相独立的。假设我们用 AB 表示事件 A 与事件 B 同时发生，那么，当事件 A 与事件 B 互相

独立时，我们有

$$P(AB) = P(A) \cdot P(B)$$

事实上，上面这个结论可以从图 9.1 直观地反映出来。

对于 3 个以上的互相独立事件，类似地我们有

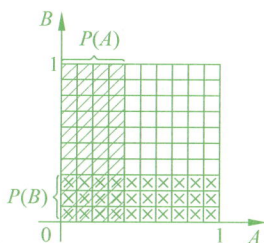

图　9.1

$$P(AB\cdots C) = P(A) \cdot P(B) \cdot \cdots \cdot P(C)$$

现在回到"三个臭皮匠"的问题。假定"臭皮匠"A 独立解决问题的把握为 $P(A)$；"臭皮匠"B 独立解决问题的把握为 $P(B)$；"臭皮匠"C 独立解决问题的把握为 $P(C)$。

如果"臭皮匠"只有两个，那么某一问题能被两者之一解决的可能性有多大呢？

让我们仍从图形的分析开始吧！为方便起见，图 9.2 中我们用阴影区域的面积表示相应事件的概率，如图所标。那么，从 (a)、(b) 两图我们立即可看到

$$P(A \text{ 或 } B) = P(A) + P(B) - P(AB)$$

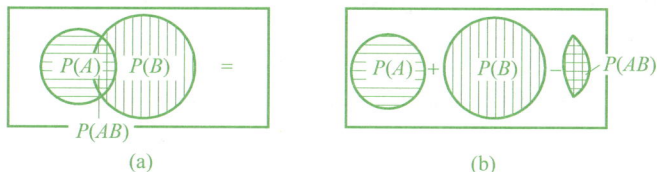

(a)　　　　　(b)

图　9.2

"臭皮匠"们对问题的思考是各自独立的。这样,我们又有

$$P(A\ 或\ B)=P(A)+P(B)-P(A)\cdot P(B)$$

重复使用上面的公式,能够得到一个问题被三个"臭皮匠"之一解决的可能性大小的计算式

$$P(A\ 或\ B\ 或\ C)=P(A)+P(B)+P(C)-P(A)P(B)-$$
$$P(B)P(C)-P(C)P(A)+$$
$$P(A)P(B)P(C)$$

例如,$P(A)=0.45$,$P(B)=0.55$,$P(C)=0.60$,即三人的解题把握都大致只有一半,但当他们总体解题时,能被三人之一解出的可能性为

$$P(A\ 或\ B\ 或\ C)=0.45+0.55+0.60-0.45\times0.55-$$
$$0.55\times0.60-0.60\times0.45+0.45\times$$
$$0.55\times0.60=0.901$$

看！三个并不聪明的"臭皮匠"居然能够解出 90％以上的问题，聪明的"诸葛亮"也不过如此！

上面我们是从"臭皮匠"们解题的把握性来分析的。其实，如果从他们不能解决问题的角度来分析，所得的结果将更简洁、更精辟。事实上，如果一个事件出现的概率为 P，那么该事件不出现的概率必定为 $1-P$。这样，三个"臭皮匠"同时不能解决问题的概率为 $[1-P(A)][1-P(B)][1-P(C)]$。把全部可能的 1，减去同时不能解决问题的可能性，当然就得到三者至少有一人解决问题的可能性，即

$$P(A \text{ 或 } B \text{ 或 } C) = 1 - [1-P(A)] \cdot [1-P(B)] \cdot$$
$$[1-P(C)]$$

上式展开的结果跟前面的公式是一样的，但保留上面算式在计算上要简单得多。具体可得：

$$P(A \text{ 或 } B \text{ 或 } C) = 1 - (1-0.45) \times (1-0.55) \times (1-0.60)$$
$$= 1 - 0.55 \times 0.45 \times 0.40$$
$$= 0.901$$

又当"臭皮匠"人数增多时，前一种算法将非常繁杂，而后一种算法无须变动依然适用。例如，10 个刚参加军训的学生，每人单独射击击中目标的命中率都只有 0.3，这样的命中率应该说是很低的了。

但如若他们朝同一个目标射击,那么根据上面的式子,目标被击中的概率为

$$p = 1 - (0.7)^{10} \approx 0.97$$

也就是说,目标是几乎会被击中的。可见人多不仅智慧高,而且力量也大。"三个臭皮匠,顶一个诸葛亮"所言并不过分。

十、机会均等与妙算概率

通过大量的重复试验,得到统计频率的稳定值,这无疑是求事件概率的最一般方法。然而,在前面几个故事中,我们已经看到,机会均等原则在概率计算中是多么有用!

但是,现实中并非所有情况都是等可能的。像考试得分、电话传呼号码、打靶中环等机会不均等的例子,比比皆是。下面也是一个典型的例子。直接观察得:

$2^1 = 2$ 是以数字 2 开头的;

$2^2 = 4$ 是以数字 4 开头的;

$2^3 = 8$ 是以数字 8 开头的;

$2^4 = 16$ 是以数字 1 开头的;

$2^5 = 32$ 是以数字 3 开头的;

$2^6 = 64$ 是以数字 6 开头的；

$2^7 = 128$ 是以数字 1 开头的；

$2^8 = 256$ 是以数字 2 开头的；

$2^9 = 512$ 是以数字 5 开头的；

$2^{10} = 1024$ 是以数字 1 开头的。

如此等等。读者可能猜得到，2 的整次幂中，开头一位数字的出现并不是等可能的。事实上，以 7 为开头的，要到 2^{46} 才出现；以 9 为开头的，要到 2^{53} 才出现。这样看来，似乎要求出数字 n 作为 2 的整次幂开头的概率 $P(n)$，除大量试验统计外别无他法。其实不然，我们仍可以巧妙地利用"等可能性"加以计算。为此，令 $S_K = 2^K$（K 为自然数），则

$$(\lg 2) \cdot K = \lg S_K$$

由于 $\lg 2$ 是一个无理数，因此所有 $\lg S_K$ 的小数部分均匀分布在 $0 \sim 1$。即 $\lg S_K$ 的对数尾数在 $0 \sim 1$ 出现是等可能的。（这里需要读者仔细思考一下为什么。）

注意到 S_K 若以数字 1 开头，则其对数尾数必在 $\lg 1 \sim \lg 2$；若 S_K 以数字 2 开头，则其对数尾数必在 $\lg 2 \sim \lg 3$……根据机会均等原则，在 2^K 中，各数字开头的概率为：

$$P(1) = \lg 2 - \lg 1 = 0.3010$$

$$P(2) = \lg 3 - \lg 2 = 0.1761$$

$$P(3) = \lg 4 - \lg 3 = 0.1249$$

$$P(4) = \lg 5 - \lg 4 = 0.0969$$

$$P(5) = \lg 6 - \lg 5 = 0.0792$$

$$\vdots$$

$$P(9) = \lg 10 - \lg 9 = 0.0458$$

现实统计 2 的前 332 次幂,得出以下试验结果(表 10.1)。

可以看到,理论计算与试验结论是相当吻合的。

表 10.1　2 的前 332 次幂开头数字情况

2^K 开头数字	出现次数	出现频率	理论推算值
1	99	29.8%	30.1%
2	60	18.1%	17.6%
3	40	12.1%	12.5%
4	33	9.9%	9.7%
5	27	8.1%	7.9%
6	23	6.9%	6.7%
7	17	5.1%	5.8%
8	19	5.7%	5.1%
9	14	4.2%	4.6%
	332		100%

以上例子表明,用机会均等原则计算概率,关键要用得巧、用得活。平面的情形也类似。常见到一些小朋友玩投币游戏:在地上画一个能容 4 枚硬币的方框。参加者取一枚硬币,在距方框 30 厘米高处瞄准方框投下。若硬币落入框中,则得 2 分;若压框边,则得 -1 分;如硬币中心落方框外则不计,重新投。每人投 20 次,总计得正分者胜。

严格地说,游戏中瞄准方框投的硬币,落在平面上各点的可能性是不均等的。但由于投币点较远,且方框不大,所以投的硬币落在方框周围,可以近似地认为是等概率的。由于要使硬币落入框内,必须使币心 O 落在图 10.1 的阴影小正方形内,因而硬币落入框内的概率为

$$p = \frac{\text{阴影小正方形面积}}{\text{大正方形面积}}$$

$$= \frac{(2r)^2}{(4r)^2} = \frac{1}{4}$$

所以,尽管落入框内一次得 2 分,但得负分的机会几乎要大 3 倍,因此这个游戏取胜的希望是很小的。

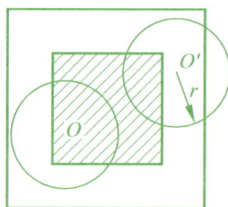

图　10.1

利用机会均等原理,巧妙地计算概率的最为简单和动人的例子,莫过于以下的相遇问题:两人相约在 0~1 时相遇,早到者应等

迟到者 20 分钟方可离去。如果两人出发是各自独立的,且在 $0\sim$ 1 时的任何时刻到达是等概率的,问两人相遇的可能性为多少?

为简便起见,假定两人分别在 x 时与 y 时到达,依题意必

须满足 $|x-y|\leqslant\dfrac{1}{3}$ 才能相遇。

显然,两人到达时间的全部可能性,均匀地分布在图 10.2 的一个单位正方形 I 内。而相遇现象,则发生在图中的阴影区 G 中。根据机会均等原则,得两人相遇的概率

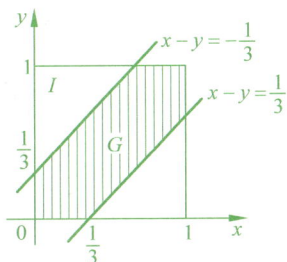

图 10.2

$$p=\frac{S_G}{S_I}=\frac{1-\left(\dfrac{2}{3}\right)^2}{1^2}=\frac{5}{9}$$

这就是说,相遇的可能性过半。

上面只是几个利用机会均等原则妙算概率的例子,读者可以自行设计一些问题或游戏,并用以训练自己的思维和计算,以达到熟能生巧的目的。

十一、分取赌金的风波

　　1494年，意大利出版了一本有关计算技术的教科书，作者帕奇欧里（Paciuolo）提出了以下问题：假如在一场比赛中胜6局才算赢，那么，两个赌徒在一个胜5局，另一个胜2局的情况下中断赌博，赌金该怎么分？帕奇欧里本人的看法是，应按照5与2的比，把赌金分给他们两人才算合理。

　　后来人们对帕奇欧里的分配原则一再表示怀疑，总觉得有什么不对的地方。他们举例说：如果一场比赛需要胜16局才算赢的话，那么，当两个赌徒中一个已胜15局，另一个才胜12局的情况下，赌博被迫中断，该怎么分赌金呢？这时场上的形势是：已经胜15局的赌徒，胜券在握，只要再胜一局，就可得到全部赌金。而另一名赌徒却需要连胜4局才行，这可是一件相当艰难的事。可是按帕奇欧里的分配原则,他们两人所分的赌金应当是 15：12＝5：4,相差并不太多。看来,这种分配原则是不够公平合理的。然而,当时没有人找到更加合适的办法。

半个世纪以后,另一名意大利数学家杰罗姆·卡尔达诺 (Jerome Cardano,1501—1576)讨论了一个类似的问题。卡尔达诺曾以发表三次方程的求解公式而闻名于世。他发现,需要分析的不是已经赌过的次数,而是剩下的次数。他想,在帕奇欧里的问题里,胜了 5 局的赌徒只要再赢 1 局,便可以结束整场的赌博。所以假若比赛不中断的话,再赌下去只有 5 种可能,即他第 1 局胜,第 2 局胜,第 3 局胜,第 4 局胜或者所有 4 局都输掉。卡尔达诺认为,总赌金应按照

$$(1＋2＋3＋4)：1＝10：1$$

的比例来分配。人们至今还摸不透,卡尔达诺当时推算上面的公式是怎么想的,但上面的结果却是错的,后面我们可以看到正确答案是 15：1。

时间又过去了 100 年。1651 年夏天,当时饮誉欧洲、号称"神童"的数学家布列斯·帕斯卡(Bryce Pascal,1623—1662),在旅途中偶然遇到了赌徒梅累,梅累是一个贵族公子哥儿,他对帕斯卡大谈"赌经",以消磨旅途时光。梅累还向帕斯卡请教一个亲身遇到的"分赌金"的问题。

问题是这样的:一次梅累和赌友掷骰子,各押赌注 32 个金币。梅累若先掷出 3 次"6 点",或赌友先掷出 3 次"4 点",就算

赢了对方。赌博进行了一段时间,梅累已掷出了 2 次"6 点",赌友也掷出了 1 次"4 点"。这时,梅累奉命要立即去晋见国王,赌博只好中断。那么两人应该怎样分这 64 个金币的赌金呢?

赌友说,梅累要再掷一次"6 点"才算赢,而他自己若能掷出 2 次"4 点"也就赢了。这样,自己所得应该是梅累的一半,即得 64 个金币的 1/3,而梅累得 2/3。梅累争辩说,即使下一次赌友掷出了"4 点",两人也是平分秋色,各自收回 32 个金币,何况那一次自己还有一半的可能得 16 个金币呢?所以他主张自己应得全部赌金的 3/4,赌友只能得 1/4。

公说公有理,婆说婆有理。梅累的问题居然把帕斯卡给难住了。他为此苦苦思索了 3 年,终于在 1654 年悟出了一些眉目。于是他把自己的想法写信告诉他的好友,当时号称数坛"怪杰"的皮埃尔·费马(Pierre Fermat,1601—1665),两人对此展开了热烈的讨论。后来荷兰数学家克里斯蒂安·惠更斯

(Christiaan Huygens，1629—1695)也加入了他们的探讨行列。他们得出一致的意见是，梅累的分法是对的！惠更斯还把他们讨论的结果记入 1657 年出版的一本叫《论赌博中的计算》的书中。这本书至今被公认为概率论的第一部著作。

梅累的分法为什么是对的？帕斯卡和费马又是怎么想的？这一连串的疑团要等今后大家学到更多概率论知识的时候，才能一一解开。不过这里要告诉大家的是，帕奇欧里问题的解决要比梅累问题简单得多，在卡尔达诺想法的基础上，我们已经无须再迈几步了！

事实上，按卡尔达诺的想法，在中断赌博之后所设想的 4 局比赛中，每局都有胜负两种可能，总共有 $2 \times 2 \times 2 \times 2 = 16$ 种可能。其中只有最后一种，即第一个赌徒 4 局全负时，第二个赌徒才可能赢。而其余 15 种情况都是输。因此，他们的赌金分配比例应当是 15∶1。

持续了整整一个半世纪的分取赌金问题的风波，终于以概率论的诞生而宣告平息。然而，这门此后在科学上功勋卓著、光彩照人的数学分支，却因此背上了"出身不正"的名声。

十二、5 个生日相同的姐妹兄弟

大千世界,无奇不有。但真正称得上"绝无仅有"的事,也不多见。下面我们讲的是一个真实的故事。当读完篇末的分析,大家就会知道,这样的事情是多么稀奇和罕见。

故事发生在美国的弗吉尼亚州,男主人公名叫拉尔夫,女主人公叫卡罗琳。这是一对"奇迹般的父母",他们的 5 个孩子虽然年龄各不相同,但生日却全然一样,都在 2 月 20 日出生。

奇迹般故事的序幕是在 1952 年 2 月 20 日拉开的。预计在 3 月份出生的长女卡莎琳,硬是提前两个星期来到了人世间。一年之后的同一天,次女卡罗尔又诞生了。拉尔夫夫妇对这种巧合惊讶不已,况且 1952 年是阳历闰年,这一年比通常的 365 天要多上 1 天。

1954年6月,母亲卡罗琳第3次怀孕。由于前两个孩子都在2月20日出生,因此做父母的也曾抱着一线希望,期待即将出世的宝宝,能够跟两位姐姐的生日巧合。为此他们曾向医生请求:"如果到了2月20日还不见孩子出生的话,就请用催产的办法。"然而,这个请求被事实证明是多余的。到了这一天卡罗琳自然分娩了。准时来到人间的是宝贝儿子查尔斯。

此后隔了5年。到了1959年,三女儿克劳蒂娅鬼使神差般也在2月20日降生。母亲生她时,家中正在为3个孩子庆贺生日。母亲分娩后不顾生育劳累,匆匆赶回家中,决意亲手为孩子们烤糕点。

4个孩子神奇般地出生在一年365天里的同一天,这可是当时世界的最高纪录。并在当地一时传为佳话。因此,当卡罗琳第5次怀孕的消息传开,整个弗吉尼亚州群情雀跃,人人兴奋不已,个个翘首以待。2月20日这一天,父亲拉尔夫正在运动场观看足球赛。比赛紧张激烈,场上角逐正酣。突然扩音器里传来了振奋人心的消息:"拉尔夫,祝贺您!生了个女儿。"顿时,整个运动场沸腾起来,运动员们也暂停比赛,加入欢呼的行列。人们组成浩浩荡荡的队伍,把拉尔夫像英雄般地抬了起来……小女儿塞西莉娅就这样诞生了。

5个孩子相同生日的故事就此结束了,留给我们的问题是:这种同一父母所生的5个子女,生日全都相同的概率究竟有多大呢?且看表12.1。

表 12.1　5 个孩子生日相同的概率

称　呼	姓　名	（2月20日）出生的概率
长女	卡莎琳	$p_1=1$
次女	卡罗尔	$p_2=\dfrac{1}{365}$
儿子	查尔斯	$p_3=\dfrac{1}{365}$
三女	克劳蒂娅	$p_4=\dfrac{1}{365}$
小女	塞西莉娅	$p_5=\dfrac{1}{365}$

　　长女卡莎琳的生日是随机的。尽管她是在 1952 年的 366 天中，未卜先知地带头选择了 2 月 20 日降临人世，然而对于她，生日的选择是不受约束的，因而 $P_1=1$。对于次女卡罗尔，情况则有所不同。她要与她姐姐生日相同，就只能在全年 365 天中特定的一天出生，因而 $p_2=\dfrac{1}{365}$。同理可得查尔斯、克劳蒂娅、塞西莉娅等人在 2 月 20 日出生的概率，各自均为 $\dfrac{1}{365}$。

由于以上 5 个各自独立的出生事件,是同时出现的,因此其出现的总的概率应为

$$p = p_1 \cdot p_2 \cdot p_3 \cdot p_4 \cdot p_5 = 1 \times \left(\frac{1}{365}\right)^4$$

$$= \frac{1}{1.77 \times 10^{10}}$$

也就是说,这种现象出现的概率只有 $\frac{1}{177\ \text{亿}}$。须知,现今生存在我们这个星球上的人,充其量不过七八十亿。而其中有生育能力,而且恰好生 5 个孩子的女人,估计不会超过 1 亿(10^8)。这样,在我们整整一代人中,出现这种现象的可能性只有

$$p \cdot 10^8 = \frac{1}{1.77 \times 10^{10}} \times 10^8 = 0.56\%$$

这意味着即使经历了 10 代人,也极难出现一次五个孩子生日相同的事件。况且"可能"还不等于一定要出现呢!然而,这种千载难逢的现象,居然真真切切地发生在我们的时代,这是多么稀奇、多么难得的事啊!

十三、一个关于抽签顺序的谜

　　班级决定举行法律知识竞赛,每小组各出一名代表参加。为了检查基本法律知识的普及面,规定全班同学都做准备,赛前由各小组以抽签的方式,随机决定参赛人选。

　　比赛定在下午举行。中午放学路上,小聪、小明和小花 3 个同组的同学走在一起,边走边谈论着下午竞赛的事。

　　小明对小聪说:"你比我们准备得都要充分,下午抽签你就先抽吧!"

　　"这跟抽签先后有什么关系?"小聪不解地问。

　　"啊!怎么没关系!先抽的人当然要比后抽的人抽到的机会大。"小明说道。

　　"这也不一定!"在一旁听他们争论的小花冷不防插了一句。

"怎么会不一定!"小明急忙辩解,"第一人抽的时候,无论如何做记号的签纸还在,假如这张纸被第一个人抽去了,那后面的人就根本不用抽了。"

小明一边对小花说着,一边目光频频朝小聪看,似乎在寻找支持者。不料小花不甘示弱,语出惊人,说出了一番颇有分量的话:

"我看后抽的人抽到的可能性更大。比如我们组有 10 个人,做记号的签纸只有一张,因此第一个人抽到的可能性是 1/10。由于 1/10 的概率是很小的,所以第一个人一般是难以抽到的。但对第二个人来说,这时只剩下 9 张签纸,其中包含了一张做有记号的,因此他抽到这张签纸的可能性是 1/9。这比第一个人抽到的 1/10 可能性要大些。如果前 9 个人都没有抽到的话,那么最后一个人抽到有记号签纸就是必然的了,这时抽到的概率还等于 1 呢!是不是?"

小明被小花一番有板有眼的话说得语塞,一时想不出什么更有力的论据,只是怀疑地反问:

"你说的都是别人抽不到有记号的签纸,如果别人抽到了呢?"

这时,刚才一直在思考的小聪,出乎意料地半路杀出一种观点来:"我看所有人抽到有记号的签纸的机会是一样的!"

"什么？一样的?"小明和小花异口同声地惊呼! 这的确有点使人难以置信。小明一向佩服小聪,知道他没有相当把握是不会轻易下结论的,但这时也不禁满腹狐疑:

"要知道第一个人抽时有 10 张签纸,而最后一个人抽时只有 1 张签纸,事实上他抽不抽都无所谓,因为实际已经决定了的。他们抽到有记号签纸的机会能一样吗?"

"是的,我是这样认为的。"小聪不觉加重了语气。随即他问小明和小花:"全组有 10 个人,一个接一个地抽,抽到什么签纸假定大家暂时都不看,或者即使看了,也暂时不声张,那么每个人抽到有记号签纸的可能性有多大呢?"

"1/10!"两人齐声回答,似乎有点不以为然。

"现在大家再去看自己抽的是什么签纸,这时抽签顺序及抽到签纸的内容会受影响吗?"小聪又一个问题。

"当然没影响!"小明和小花又一次齐声回答。

"那这不是说他们抽到有记号签纸的可能性都是 1/10 吗?"小聪胸有成竹。

"?!"

真是绝妙的解析! 小明和小花似乎为小聪的智慧所折服。真的,当初他们还以为这是"针尖对麦芒"式的抬杠呢!

虽说如此，他们在心里还是有点嘀咕："抽签的人都是一抽到就看签纸的呀！"他们觉得这个前提有点蹊跷。但小聪本人也无法说出一个所以然，于是他们决定向老师请教这个关于抽签顺序的"谜"。

老师没有直接回答"谜底"，而是拿了一些围棋棋子，放入小布袋中，问大家："假定袋里有 m 个白子和 n 个黑子，那么第一次摸到白子的可能性有多少呢？"

"$\dfrac{m}{m+n}$。"大家回答。

"摸到黑子呢？"

"$\dfrac{n}{m+n}$。"

"对！"老师肯定说，"现在假定这个已经摸出的棋子不放回去，那么袋里一共还有几个棋子？"

"有 $m+n-1$ 个。"三人异口同声回答。

"这时大家从袋子里抽出一个白子的可能性是多少呢？"老师继续问。

三人全都陷入了沉思。到底是小聪反应快些，他说："老师，我们还不知道第一次抽到的是白子还是黑子呢？"

"很好！"老师赞许地点点头，"第一次可能抽到白子，也可能抽到黑子。"

"那么两种情况都要考虑,对吗?"三人似有所悟。

"对极了,同学们。现在请你们拿出一张纸算一算吧!"

于是 3 个朋友围在小桌旁,边讨论边计算。跃然纸上的算式,清晰地描绘了以下的思路:

第一次如果摸到白子,那么袋子里剩下 $m-1$ 个白子和 n 个黑子。此时去摸,又得白子的可能性为 $\dfrac{m-1}{m+n-1}$。

第一次如果摸到黑子,那么这时袋子里剩下 m 个白子和 $n-1$ 个黑子。此时去摸,也得白子的可能性为 $\dfrac{m}{m+n-1}$。

注意到第一次摸到白子的可能性为 $\dfrac{m}{m+n}$,摸到黑子的可能性为 $\dfrac{n}{m+n}$,因此第二次摸到白子的可能性是

$$p = \frac{m}{m+n} \cdot \frac{m-1}{m+n-1} + \frac{n}{m+n} \cdot \frac{m}{m+n-1}$$

$$= \frac{m}{m+n}$$

"老师,第二次摸到白子的可能性也是 $\dfrac{m}{m+n}$。"三人为所得结论兴奋不已。

"那么第 3 次、第 4 次摸到白子的可能性呢?"老师再问。

"每次摸到白子的可能性都跟前一次是一样的,都应该等于 $\dfrac{m}{m+n}$。"小聪推理说,小明和小花也投以赞同的目光。

"太好了,同学们,我想你们已经能够自己得出抽签之'谜'的谜底了!"

亲爱的读者,可能你也猜到关于抽签之"谜"的谜底了。那么,你能说一说,小明、小花和小聪他们三人开始的结论,谁是对的呢?

十四、贝特兰的概率悖论

会场上人声鼎沸,笑语轰鸣。主持者振臂高呼:"不要讲话!"

新刷的黑板上醒目地写着 4 个大字:不准涂画。

类似的事例,在日常生活中并不少见。细细思量一番,就会觉得其间有些自相矛盾。会场主持人要大家不要讲话,自己却在大声讲。新黑板上的留言,显然是告诫人们不要在黑板上乱涂,但好心的留言人,自己却违背了这一告诫,在黑板上留下了 4 个显赫大字。

一个村子里只有一位理发师,这位理发师只给本村不替自己理发的人理发。这是长年

沿袭下来的、不可违背的村规。现在问：这位理发师的头发由谁来理？

无论怎样的答案，都将出现矛盾。倘若理发师的头发是"由别人理"的，那么按照村规，他的头发必须由理发师来理，但村里的理发师只有一个，这就变成理发师自己理自己的头发，这与原先假定的理发师的头发"由别人理"自相矛盾。又如果理发师的头发由"自己来理"，那么按照村规，由自己理发的人，理发师是不该给他理发的。然而"他"的头发恰恰就是理发师理的，又产生矛盾。

以上三例称为"悖论"，其大意是自相矛盾的奇谈怪论。一门学科出现悖论，表明该学科的基础还有不够严谨的地方。悖论既给学术界以"危机感"，又吹响了"攻坚"的冲锋号。19 世纪末，集合论已成为近代数学的基本工具之一。但究竟什么是集合，连它的创始人，德国著名数学家乔治·康托尔（Georg Cantor，1845—1918）教授，也没有能完全讲清楚。1902 年，英国数学家贝特朗·罗素（Bertrand Russell，1872—1970）提出了一个类似于前面例子的集合悖论，使人对严谨的集合论产生了怀疑，从而使整个数学界产生极大的震动。此后多年，许多著名的学者绞尽脑汁，试图医治这个怪症，终于使集合论的基础研究取得了重大的突破。

翻开人类的文明史，我们可以发现，一门新科学的发展，从来没有一帆风顺的。集合论是如此，概率论也是如此。到 19 世纪末，概率论虽说已经初露锋芒，但由于缺乏严格的理论基础，常常被人找到一些可钻的空子。其中最为典型的要数 1889 年法国数学家贝特兰（Bertrand，1822—1900）提出的概率悖论：在圆内任作一弦，其长度超过圆内接等边三角形边长 a 的概率是多少？

［答案 1］ $p = \dfrac{1}{2}$。

如图 14.1 所示，设 PQ 为直径。以 P、Q 为顶点作圆内接等边三角形，分别交 PQ 于 M、N 点。在 PQ 上任取一点 H，过 H 作弦 $AB \perp PQ$，则 H 必为 AB 中点。显然，要使 AB 长大于 a，必须使 H 落于 MN 之中。易知 MN 的长为 PQ 长度的一半。

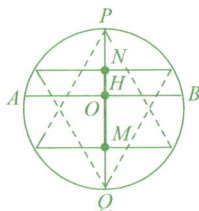

图　14.1

［答案 2］ $p = \dfrac{1}{3}$。

如图 14.2 所示，设 AB 为任意弦，则 AB 中点 H 必在以

AO 为直径的小圆周上。过 A 作圆内接等边三角形交小圆于 M、N 两点。显然,要使 AB 长大于 a,必须使 H 落于 $\overarc{MN}$ 上。易知 $\overarc{MN}$ 的长为小圆圆周的 $1/3$。

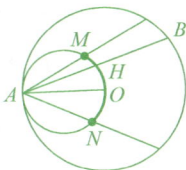

图　14.2

[答案 3]　$p = \dfrac{1}{4}$。

如图 14.3 所示,设 AB 为任意弦,H 为中点。显然,要使 AB 长大于 a,必须使 OH 长小于 $\dfrac{a}{2}$,即点 H 在以 O 为圆心,半径为大圆一半的小圆内。易知这样小圆的面积只有大圆面积的 $1/4$。

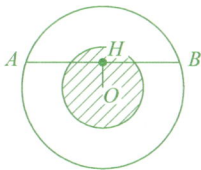

图　14.3

以上 3 个答案似乎都有道理,那么究竟谁是谁非呢?仔细推敲琢磨就会发现,3 个答案的前提各不相同。第 1 个答

案是假定弦中点 H 在直径 PQ 上均匀分布；第 2 个答案是假定弦中点 H 在小圆周上均匀分布；而第 3 个答案是假定弦中点 H 在圆内均匀分布。由于前提条件各不相同，所以得出的答案自然各异。实际上，如果我们高兴的话，还可以设置新的前提，使贝特兰问题的概率等于任何预先给定的数 $p\left(\dfrac{1}{3}\leqslant p\leqslant\dfrac{1}{2}\right)$。下面用图 14.4 给出第 4 种答案的解题提示，其余留给好学的读者们自行思考和练习。

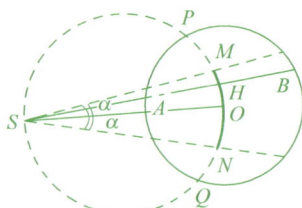

图 14.4

　　一个问题会有随心所欲的答案，当然是不可思议的。为了堵塞诸如"贝特兰悖论"这样的漏洞，科学家们发动了一场对概率基础理论的"攻关"战。这一坚固的科学堡垒，终于在 1933 年被苏联数学家安德烈·柯尔莫戈罗夫（Колмогов Андрей，1903—1987）等人攻克！

十五、以蒙特卡洛命名的方法

蒙特卡洛（Monte Carlo）是濒临地中海的摩洛哥公国的一座纸醉金迷的赌城。它为西方世界的王公显贵和达官富豪提供寻欢作乐的场所，并因此颇负盛名。然而，出人意料的是，竟然有一个以蒙特卡洛命名的方法，在新兴数学分支——优选法中，崭露头角。

选优，是人类赋予科学的永恒课题。对同一个问题来说，选优的方法一般是很多的。从众多的选优方法中，找出最优的方法，这就是优选法。下面一个流传很广的智力测验题，可以生动地说明优选法的实质。

有 12 个球，外表全然一样，已知其中有 1 个球质量异于其他，但不知其较轻或较重。试用无砝码天平称量比较，找出这个

"伪球",并指出它究竟较轻或较
重于"真球"。

如果不限制称量比较的次
数,那么要找到伪球是轻而易举
的。但是,假如限定只能用无砝
码天平称量 3 次,你一定会感到不那么容易!

可以证明,在我们的问题中,通过 3 次称量,能够处理的最
多球数是 12 个。一般地,用无砝码天平称量 n 次,能够处理的
最多球数如表 15.1 所示。像这样,用最少的比较次数,去处理
最多球数的方法,就是优选法需要研究的内容。

表 15.1 称量次数和最多可处理球数对照表

称 量 次 数	最多可处理的球数
1	0
2	3
3	12
4	39
5	120
6	363
7	1092
⋮	⋮
n	$\frac{1}{2}(3^n-3)$

上面的问题中有一个前提,即在众多的球中只有一个是伪
球。如果伪球不止一个,而是若干个,那么所有需要判定的球可

分为两类，一类叫"真球"，一类叫"伪球"，它们外表都相同，只是质量略有差异。其实，"真""伪"只是一种称呼而已，所以为方便起见，今后我们总把伪球看成比真球略重些。多个伪球的问题，显然要比单一伪球的问题更为复杂。比如有 20 个这样的球，那么光是判定伪球的数目，用无砝码天平就得称量 11 次以上不可！

上面的 20 球问题和前面的 12 球问题，都是极有趣味和极富启发性的智力思考题，把它们留给读者锻炼自己的思维，将是有益的。（读者可根据本丛书《无限中的有限》一册的"十四、科学的试验方法"中的方法，找到 12 球难题的一般性解答。）

现在再进一步假设：球的数量极多，而且质量各不相同。这时问题显然大为复杂。好在多数实践问题中，严格地排序意义并不太大。只要能分出较轻、较重就可以了。蒙特卡洛法就是告诉我们怎样从大量的球中寻找较重或较轻球的办法。设想所有的球被人为地分为两类，一类是较轻的真球，一类是较重的伪球。蒙特卡洛法是说，只要从所有的球中，随机选取 r 个球，则其中最重的球，大致便是伪球。

上述方法似乎令人难以置信，然而事实确实如此！道理也很简单。实际上，我们可以把随机抽取的 r 个球，看成是相继抽取的。由于假设球的数量很多，所以为了简化计算，不妨认定每次取出球后又放回。这样，如果假定真球有 m 个，伪球有 n 个，那么每次抽到真球的概率均为 $\dfrac{m}{m+n}$。

r 次都抽到真球的概率为

$$\frac{m}{m+n} \cdot \frac{m}{m+n} \cdot \cdots \cdot \frac{m}{m+n} = \left(\frac{m}{m+n}\right)^r$$

因此 r 次中至少有一次抽到伪球的概率为

$$p = 1 - \left(\frac{m}{m+n}\right)^r$$

当 r 增大时,上式的后一项将变得很小,从而 p 将很接近于 1,这就是说,在所抽的 r 个球中含有伪球,是十拿九稳的事。

蒙特卡洛法是确定大量事物中某种特定状况问题的既快速又实用的一种方法。

例如,测定学校里学生的弱视状况。假定全校有 1000 个学生。随机抽查 10 个组,每组 10 人。发现有 8 个组都有人视力在 0.5 以下。问:该校学生的弱视状况如何?

由于 10 组中有 8 组发现弱视现象,所以抽到弱视的现象为 80%,即

$$p = 0.8$$

代入前面的公式,注意到 $m+n=1000$,则

$$0.8 = 1 - \left(\frac{m}{1000}\right)^{10}$$

$$\left(\frac{m}{1000}\right)^{10} = 0.2$$

$$\lg\left(\frac{m}{1000}\right) = \frac{1}{10}\lg 0.2$$

求得

$$m = 851, \quad n = 149$$

即知该校大约有 15% 的人是弱视的。

蒙特卡洛法在优选法中也叫统计试验法，它的不足是：毕竟是统计方法，大数定律在起作用，免不了有机遇的成分，所以抽取的次数 r 要大一些才行。

十六、关于《血疑》的质疑

20 世纪 80 年代,有一部家喻户晓的日本电视剧《血疑》(日文名:《赤い疑惑》)。

《血疑》的剧情是:美丽纯真的花季少女幸子,在父亲的研究所,不幸受到生化辐射,患上白血病,需不断换血,可是她的父母和她的血型都不相同,唯有她的男朋友光夫的血型与她同为 AB-Rh 阴性。而这种特殊的血型,又引出了幸子的身世之谜,并由此演绎出一幕幕感人肺腑的动人故事。

原来幸子和光夫是一对同父异母的兄妹。幸子是相良和理惠所生,光夫是相良和多加子所生,他们之间的爱情是被禁止的。

《血疑》的故事是围绕着血型疑问而展开的。令人惊异的是,剧中 4 个主要人物相良、理惠、幸子和光夫的血型,竟然同是

AB-Rh 阴性。多加子的血型在剧中虽然没说,但从概率的角度分析,也不应该是任意的。

理惠
(AB-Rh阴性)

相良
(AB-Rh
阴性)

多加子
(?)

幸子(AB-Rh阴性)　光夫(AB-Rh阴性)

《血疑》的故事情节当然是虚构的。虽说在我们生活的这个星球上,存在着数不清的偶然和巧合。但从科学的角度看,《血疑》中的血型结构,究竟有多大的现实可能性,一向质疑颇多。要弄清楚这一点,还得追溯到 20 世纪初。

1900 年美籍奥地利生物学家兰德斯坦纳(Landsteiner)发现了血细胞的凝结现象。此后,学者们又陆续发现了人类的血液可以按照凝结与否而分为若干大类,并称之为血型。1924年,伯恩斯坦(Bernstein)提出了"三复等位基因"的学说。这一著名学说的要点是:人类的血型受体细胞第 7 对染色体中的 A基因、B 基因和 O 基因控制。在一个位点上,A、B、O 3 种基因必居其一。这样,在受精过程中,两条染色体相配,可以表现出6 种基因的基本组合,OO,OA,OB,AA,AB,BB。由于 A、B 基因属于显性,O 基因属于隐性,所以 A、B 能表现出来,O 却不能

表现出来。因此,上述 6 种基因组合中,OA 与 AA 均表现为 A
型,OB 与 BB 均表现为 B 型,加上 O 型(OO)与 AB 型,一共有
4 种表现型,见图 16.1。

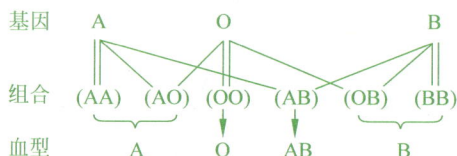

图 16.1　血型的遗传

据有关资料统计,世界上不同人种中的血型分布有很大的不
同。以黄色人种为例,血型为 A 的占 28%,血型为 B 的占 29%,血
型为 AB 的占 8%,血型为 O 的占 35%。血型中 Rh 阴性者占 1%。

由于《血疑》的故事是发生在黄色人种的日本,所以在人口
中出现 AB-Rh 阴性的概率为

$$p_1 = 8\% \times 1\% = 8 \times 10^{-4}$$

即 0.08%。而同是 AB-Rh 阴性的相良和理惠结合的概率为

$$p_2 = p_1 \times p_1 = (8 \times 10^{-4})^2 = 6.4 \times 10^{-7}$$

他们子女的血型,按奥地利遗传学家孟德尔(Mendel,
1822—1884)的分离自由组合定律,可能有 A 型、B 型和 AB 型
3 种。由图 16.2 可知,自由组合中

AB 型占 $\dfrac{2}{4}$。注意到幸子是女性,

又其血型不仅是 AB 型,而且还是

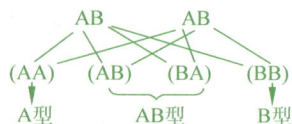

图　16.2

Rh 阴性等各种独立的限制,可得这一情形出现的概率为

$$p_3 = \frac{2}{4} \times 1\% \times \frac{1}{2} = 2.5 \times 10^{-3}$$

综合上述,相良、理惠及其女儿幸子这一血缘链中,三者血型均为 AB-Rh 阴性的概率为

$$p_4 = p_2 \times p_3 = 6.4 \times 10^{-7} \times 2.5 \times 10^{-3} = 1.6 \times 10^{-9}$$

现在看另一条血缘链。由于相良和光夫父子的血型都是 AB 型,所以尽管母亲多加子的血型不知道,但她的血型不会是 O 型差不多是肯定的。因为如果是 O 型,就不可能分离组合出 AB 型的后代。这样,多加子的血型基因组合只能是 AO、AA、BO、BB、AB 5 种。

对多加子的上述 5 种可能的血型基因组合,像前面那样利用孟德尔分离组合定律,逐一加以计算。考虑到作为黄种人的多加子,能够获得各种基因组合的百分比,便可算得光夫血型为 AB-Rh 阴性的概率如表 16.1 所示。

表 16.1　光夫血型的概率表

多加子血型基因	血型基因所占比例/%	光夫 AB-Rh 阴性概率
AO	14	0.000 175
AA	14	0.000 35
BO	14.5	0.000 181
BB	14.5	0.000 363
AB	8	0.0002
	65	$p = 0.001\ 267$

这就是说,在相良血型为 AB 的前提下,光夫血型为 AB-Rh 阴性的概率为

$$p_5 = 1.267 \times 10^{-3}$$

最后,我们来分析上面所讲的两条血缘链的交叉,即研究相良、理惠、幸子和光夫 4 人血型同为 AB-Rh 阴性的可能性。很明显,幸子与光夫之间的血型是不可能没有关系的,因为他们毕竟是同父异母的兄妹。所以,当我们算得相良、理惠和幸子的血型同为 AB-Rh 阴性的概率 p_4 之后,继而计算光夫的血型概率时,就不能不考虑"同父"的条件。好在当我们计算 p_5 时,已经把相良血型是 AB 作为前提。于是,最终得出 4 人血型同为 AB-Rh 阴性的概率为

$$p = p_4 \times p_5 = 1.6 \times 10^{-9} \times 1.267 \times 10^{-3}$$

$$= 2 \times 10^{-12} = \frac{1}{5 \times 10^{11}}$$

1/5000 亿!这比千载难逢的"生日相同五同胞"的概率还要小得多。因此,我们可以断言:电视剧《血疑》中的血型结构,完全是一种臆造和夸张,在现实世界中是不可能发生的,这就是关于《血疑》的质疑的科学结论。

十七、小概率·摸彩

　　有道是"天有不测风云，人有旦夕祸福"，这话有对的一面，也有不对的一面。对的一面是，说出了事物发生的偶然性。不对的一面是，夸大了偶然的成分，忽视了偶然中的必然规律和量的关系，给人的心理笼罩上一种不可知论的阴影。

　　例如，在世界上，火车与汽车相撞的事件时有发生。这样的悲剧常能见诸电视和报端。然而，却几乎没有人在旅行中，由于担心火车与汽车相撞，不去乘火车、汽车而宁愿步行。这是为什么呢？原因是，在现实中，这种相撞的可能性实在是太小了。在世界上千千万万次的行车中，能相撞的也只是极少数几例。又如，人遭遇车祸这种可能性通常要比火车与汽车相撞的可能性大不知多少倍。然而，在人们亿万次的外出中，遭遇车祸的人毕竟还是占少数。人们并不会因此而常年待在家中，裹足不前。城市里依旧熙熙攘攘、比肩接踵。"沉舟侧畔千帆过"，这绝不是由于人们的健忘，而是由于人们不相信一个概率很小的事件，会恰好发生在自己身上。人们认为，尽管别人有过值得同情的悲惨教训，但这是由于他自身的不注意，或其他未知的原因。所以这个世界的一切，依然故我。这种潜意识包含了一条极重要的原理——小概率原理，即一个概率很小的事件，一般不会在一次试验中发生。

下面介绍一个有趣的游戏。如果你新到一个班级，那么你完全可以大言不惭地对班上 49 名新伙伴，做一次惊人的宣布："新班级里一定有人生日是相同的！"我想，大家一定会惊讶不已！可能连你本人也会感到难以置信吧！因为首先，你对他们的生日一无所知，其次，一年有 365 天，而你班上只有 50 人，难道生日会重合吗？但是，我必须告诉你，这样做是极可能获得成功的。

这个游戏成功的原因是什么呢？原来，班上的第一位同学要与你生日不同，那么他的生日只能在一年 365 天中的另外 364 天，即可能性为 $\frac{364}{365}$；而第二位同学，他的生日必须与你和第一位同学都不同，可能性为 $\frac{363}{365}$；第三位同学应与前三人的生日都不同，可能性为 $\frac{362}{365}$；如此等等，得到全班 50 名同学生日都

不同的概率为

$$\frac{364}{365} \times \frac{363}{365} \times \frac{362}{365} \times \cdots \times \frac{316}{365}$$

用计算器或对数表细心计算,可得上式结果为

$$P(生日全不相同) = 0.0295$$

由于 50 人中有人生日相同和生日全不相同这两件事,二者必居其一,所以

$$P(有人生日相同) + P(生日全不相同) = 1$$

因而

$$P(有人生日相同) = 1 - P(生日全不相同) = 1 - 0.0295 = 0.9705$$

即你成功的把握有 97%,而失败的可能性不足 3%。根据小概率原理,你完全可以指望这是不会在一次游戏中发生的。

下面,我们举一个例子来说明,小概率事件是多么"可遇而不可求"!

有一个"摆地摊"的人,他拿了 8 个白色的围棋子、8 个黑色的围棋子,放在一个袋子里。他规定:凡愿摸彩者,每人交 5 元钱,作为"手续费",然后一次从袋中摸出 5 个棋子,赌主按地面上铺着的一张"摸子中彩表"给"彩金"(表 17.1)。

表 17.1　摸子中彩表

摸 到	彩 金	摸 到	彩 金
5 个白色	100 元	3 个白色	纪念品(约价值 1 元)
4 个白色	10 元	其他	共乐一次

这个"摸彩"赌博，规则颇简单，赌金也不大，所以吸引了不少过往行人，地摊一时被围得水泄不通。许多人不惜花 5 元钱去碰"运气"，结果自然扫兴者居多。

从表面上看，以上摸子中到"彩金"似非难事。下面我们深入计算一下摸到"彩金"的可能性。

$$P(5 \text{ 个白色}) = \frac{8}{16} \times \frac{7}{15} \times \frac{6}{14} \times \frac{5}{13} \times \frac{4}{12}$$

$$\approx 0.0128$$

$$P(4 \text{ 个白色}) = \left(\frac{8}{16} \times \frac{7}{15} \times \frac{6}{14} \times \frac{5}{13} \times \frac{8}{12} \right) \times 5$$

$$= 0.1282$$

$$P(3\text{个白色}) = \left(\frac{8}{16} \times \frac{7}{15} \times \frac{6}{14} \times \frac{8}{13} \times \frac{7}{12}\right) \times 10$$

$$= 0.3589$$

（读者如果一时弄不清计算的方法，可以只看结果），现在按摸 1000 次统计：赌主"手续费"收入共 5000 元，他可能需要付出的连纪念品在内的"彩金"是

$\{P(5\text{个白色}) \times 100 + P(4\text{个白色}) \times 10 + P(3\text{个白色}) \times 1\}$

$\quad \times 1000$

$= \{0.0128 \times 100 + 0.1282 \times 10 + 0.3589 \times 1\} \times 1000$

$= 2921(\text{元})$

赌主可望净赚 2079 元。我想，看了以上的分析，读者们一定不会再怀着好奇和侥幸的心理，用自己的钱去填塞"摸彩"赌主那永填不饱的腰包了吧！

有人说："现在国家不也在发行体育彩票和福利彩票吗?"的确，但这与上述"摸彩"有本质的不同！国家发行的彩票，其余额基本都用于公益事业，其用意是为大众谋福祉。从某种意义上讲，人们买国家发行的彩票，表明了公民爱国的一种心迹！国家发行彩票与某些赌主"摸彩"骗钱的伎俩，是根本不能相提并论的，后者是非法的。

十八、布朗运动和醉鬼走路

　　可能读者们都有这样的经验：在一杯凉开水里，加上一汤匙的砂糖。糖在杯底渐渐溶化，但如果你喝一口杯上部的水，却依然不会感觉甜。这是什么原因呢？原来这时杯下部的糖分子还没有跑到杯上部来，因而我们感觉不到。糖分子在水中自行跑动，这种现象在物理学中称为扩散。杯底的糖分子要扩散到杯上部，需要好长的时间。人们常常因此等不及，就用汤匙或筷子在杯里搅动，让糖分子扩散得快一些。

　　为了更直观地看到扩散的过程，下面我们做一个有趣的试验。找 3 个一样粗细的试管，在试管底部注入约 1 厘米高鲜艳的红墨水，然后再慢慢地、小心翼翼地往各试管注入清水，同时注意尽可能使两层液体有分层、不混在一起。A、B、C 3 个试管

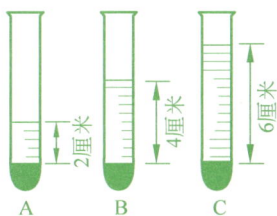

注入清水的高度分别为 2 厘米,4 厘米和 6 厘米。观察这些试管,我们会看到:红色渐渐渗到清水中去;时间过得越久,红色渗得越高;先是 A 试管,然后是 B 试管,最后是 C 试管里的全部液体,从底到面变成均匀的红色。把各试管颜色变均匀的大致时间记下来,我们就会知道,清水越高,红色扩散均匀所花的时间越多。A、B、C 3 个试管颜色均匀的时间,不是像有些人猜想的那样是 1∶2∶3,而是 1∶4∶9。也就是说,扩散的时间是与扩散距离的平方成正比的。

要弄清以上规律是否带有普遍性,还得从大约 200 年前说起。1827 年,英国生物学家罗伯特·布朗(Robert Brown,1773—1858)用显微镜观察悬浮在一滴水中的花粉,发现它们像醉鬼走路一样,各自做毫无规则的运动。后来人们才知道,花粉之所以会不停息地做无序运动,是由于受水分子各方向不平衡撞击的结果。由于这个现象是布朗首先发现的,所以后人称它为布朗运动。

前面说过,布朗运动中的花粉,像醉鬼走路一般,完全不规则地运动。那么,醉鬼是怎么行

动的呢？美国著名物理学家乔治·伽莫夫（George Gamov，
1904—1968）教授对此做了极为生动的描述：假设在某个广场
的某个灯柱上靠着一个醉鬼，他突然打算走动一下，看他是怎么
走的吧！先是朝一个方向颠簸了几步，然后又转方向再颠簸了
几步，如此这般，每走几步就随意转一个方向。每次转方向都是
事先无法预计的。为了研究醉鬼的行动规律，伽莫夫教授假想
广场上有一个以灯柱脚为原点的直角坐标系。醉鬼所走的第 n
个分段在两坐标轴上的投影分别为 x_n，y_n。于是，走 n 段后醉
鬼与灯柱的距离 R 满足

$$R^2 = (x_1 + x_2 + \cdots + x_n)^2 + (y_1 + y_2 + \cdots + y_n)^2$$

注意到醉鬼的走路是无规则的，他朝灯柱走和背着灯柱走的可
能性相等。因此，在 x 的各个取值中，正负参半。这样，在上式

右端的第一项展开中,所有的两两乘积里,总可以找出大致数值相等、符号相反、可以互相抵消的一对对数来。n 的数目越大,这种抵消越彻底。因此,对很大的 n,我们有

$$(x_1 + x_2 + \cdots + x_n)^2 \approx x_1^2 + x_2^2 + \cdots + x_n^2 = nx^2$$

这里 x 是醉鬼所走各段路程在 x 轴上投影的均方根值。对 y,我们也可以得出同样的结果,即

$$(y_1 + y_2 + \cdots + y_n)^2 \approx y_1^2 + y_2^2 + \cdots + y_n^2 = ny^2$$

于是

$$R^2 \approx n(x^2 + y^2)$$

或

$$R \approx \sqrt{n} \cdot \sqrt{x^2 + y^2}$$

后式相当于醉鬼走每段路的平均距离长度 d,代入可得

$$R \approx \sqrt{n} \cdot d$$

这就是说,醉鬼在走了许多段不规则的弯曲路程后,距灯柱最可能的距离为路段数的平方根乘以各段路程的平均长度。

这里必须说明的是,上面我们并非进行的是严格的数学运算,而是运用了统计规律。对某个醉鬼来说,他走 n 段路,未必就距离灯柱 $\sqrt{n} \cdot d$。但如果有一大群醉鬼,互不干扰地从灯柱出发,颠颠簸簸地走各自的弯弯路,那么他们距灯柱的平均值,就会接近 $\sqrt{n} \cdot d$。人数越多,这种规律越精确。

下面我们回到本节开始的试验。由于试管里的水分子和红

色素分子彼此紧挨在一起，因此试管底的红色素分子被周围的水分子像醉鬼一样撞得东来西去。因为它们之间挨得很近，所以两次碰撞的平均距离极短，大约只有 $\dfrac{1}{40\,000\,000}$ 厘米，每秒钟大约会发生 10^{12} 次碰撞。这样，拿试管 A 来说，红色素要扩散到 2 厘米远，碰撞的次数 n 必须满足

$$2 = \sqrt{n} \cdot \dfrac{1}{40\,000\,000}$$

解得

$$n = 6.4 \times 10^{15}$$

把上述的碰撞次数除以 10^{12}，即得 6.4×10^{3}。也就是说，大约需要经过 6400 秒，红色素分子才能从试管 A 的底部移动到试管 A 的水面上。即约需 1 小时 45 分钟时间，试管 A 的颜色才能均匀。同样道理，试管 B 需要 7 小时，试管 C 需要 16 小时，颜色才能均匀。3 个试管达到颜色均匀所需时间比为 1：4：9。

　　以上我们看到，对于布朗运动的理论分析，与关于色素扩散的试验结果是多么吻合。看来，大量的无序运动，同样也包含着相当精确的有规则的结果。这就是偶然中的必然——统计规律的本质。

十九、从《歧路亡羊》谈起

《歧路亡羊》是《列子》中一篇寓意深刻的故事。摘录如下:

杨子之邻人亡羊,既率其党,又请杨子之竖追之。杨子曰:"嘻!亡一羊,何追者之众?"邻人曰:"多歧路。"既返,问:"获羊乎?"曰:"亡之矣。"曰:"奚亡之?"曰:"歧路之中又有歧焉,吾不知所之,所以反也。"

我们暂且不谈故事的深刻哲理,而来研究一下杨子的邻人,找到丢失的羊的可能性有多大。假定所有的分叉口都各有 2 条新的歧路。这样,从图 19.1 容易看出,每次分歧的总歧路数分别为:$2^1, 2^2, 2^3, 2^4, \cdots$,到第 n 次分歧时,共有 2^n 条歧路。因为丢失的羊走到每条歧路去的可能性都是相等的,所以当羊走过 n 个三岔路口后,一个人在某条歧路上找到羊的可能性只有 $\dfrac{1}{2^n}$。

图 19.1

例如,当 $n=5$ 时,即使杨子的邻人动员了 6 个人去找羊,找到羊的可能性也只有

$$p = \frac{1}{2^5} \times 6 = \frac{3}{16} = 0.1875$$

还不及 1/5,况且一时还很难动员那么多的人呢! 可见,邻人空手而返,也就是很自然的事了!

现在我们再设想有这么一种奇特的道路网:从第二次分歧起,邻近的歧路相连通成一个新的三岔口,像图 19.2 所示那样。显然,当丢失的羊在这种特殊的歧路网上,走到第一个三岔口时,它既可能从东边,也可能从西边走入不同的两条南北走向的路。这种情形我们记为(1,1)。接着往下有 3 条南北走向的路:只有一直向左转时,羊才会进入东边的那条;羊进入中间的那条路有两种可能,第一次向左而第二次向右,或第一次向右而第二次向左;只有两次都向右时,羊才能进入西边的那条路。概括 3 种情形,我们记为(1,2,1)。同样分析可以得知,再接下去的 4 条南北走向路的情形可记为(1,3,3,1)。记号中的每一个

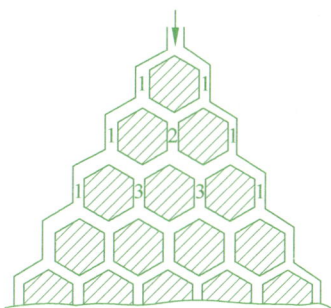

图 19.2

数字,都代表到达相应路的不同的路线数。如此下去,我们可以得到一个奇妙的数字表(图 19.3)。

$$
\begin{array}{ccccccccccccc}
 & & & & & & 1 & & & & & & & \quad\text{——}\ 2^0 \\
 & & & & & 1 & & 1 & & & & & & \quad\text{——}\ 2^1 \\
 & & & & 1 & & 2 & & 1 & & & & & \quad\text{——}\ 2^2 \\
 & & & 1 & & 3 & & 3 & & 1 & & & & \quad\text{——}\ 2^3 \\
 & & 1 & & 4 & & 6 & & 4 & & 1 & & & \quad\text{——}\ 2^4 \\
 & 1 & & 5 & & 10 & & 10 & & 5 & & 1 & & \quad\text{——}\ 2^5 \\
1 & & 6 & & 15 & & 20 & & 15 & & 6 & & 1 & \quad\text{——}\ 2^6 \\
 & & & & & & \cdots & & & & & & & \quad\cdots
\end{array}
$$

图 19.3

这个三角形数字表的每行两端都是 1,而且除 1 以外的每个数字都等于它肩上两个数字的和。这是因为,它实际上表明了丢失的羊到达该数字地点的路线数,所以应等于肩上两个路线数的累加。这种性质,允许我们将上面的表无限地构造下去。

类似的数字表早在 1261 年就出现在我国数学家杨辉的著

作中,所以我们称它为"杨辉三角"(图 19.4)。在欧洲,这种数字表的出现要迟上近 400 年,发现者就是"十一、分取赌金的风波"中提到过的法国数学家帕斯卡,因此国外常把这种数字表叫作"帕斯卡三角"。

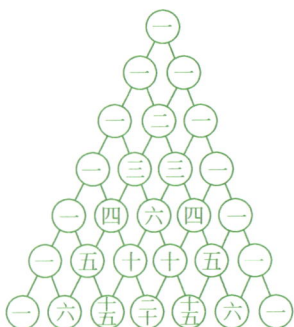

图 19.4　杨辉三角

从杨辉三角可以看出,前面我们设想的那种奇特歧路网,实际上是一种常见的、规范的棋盘格道路的美化(图 19.5)。

图　19.5

杨辉三角第 n 排的数字和,实际上就是《歧路亡羊》中第 n 次分叉后的总的歧路数,所以应当等于 2^n。例如,表最后一排的数字和

$$1+6+15+20+15+6+1=64=2^6$$

$$
\begin{array}{c}
1\\
1\quad 1\\
1\quad C_2^1\\
1\quad C_3^1\quad C_3^2\\
1\quad C_4^1\quad C_4^2\quad C_4^3\\
1\quad C_5^1\quad C_5^2\quad C_5^3\quad C_5^4\quad 1\\
1\quad C_6^1\quad C_6^2\quad C_6^3\quad C_6^4\quad C_6^5\quad 1
\end{array}
$$

图　19.6

为方便起见，我们把杨辉三角中第 n 排的除开头 1 以外的第 k 个数字记为 C_n^k（图 19.6）。这样做的优点是，今后如果需要了解到达上述数字表对应位置会有多少可能的路线时，无须思考，立即知道是 C_n^k 条。

下面要讲的是概率论中颇为重要的课题——独立重复试验。我们很快就会看到，将要得到的结果与杨辉三角之间的联系，究竟有多么紧密。

仍以掷币为例。如果我们把掷币中出现的正面和反面的可能，看成杨辉三角中向左和向右的路线。那么，杨辉三角中第一排的 $(1,1)$，就相当于掷第 1 枚币时出现的（正，反）的可能；而第二排的 $(1,2,1)$，就相当于重复掷 2 枚币时出现的（两正，一正一反，两反）的可能；而第 3 排的 $(1,3,3,1)$，就相当于重复掷 3 枚币时出现（三正，二正一反，二反一正，三反）的可能，如此等等。这样，杨辉三角中第 n 排各数，与掷 n 枚币出现的各种可能性的数字有以下对等关系（表 19.1）。

表 19.1　对等关系表

n 次掷币的可能情形	可能出现数
全正	1
1 次反，$n-1$ 次正	C_n^1
2 次反，$n-2$ 次正	C_n^2

续表

n 次掷币的可能情形	可能出现数
3 次反，$n-3$ 次正	C_n^3
⋮	⋮
k 次反，$n-k$ 次正	C_n^k
⋮	⋮
全反	1
	2^n

于是，我们得出，重复 n 次掷币，出现 k 次正面或反面的概率为

$$P_n(k) = C_n^k \cdot \frac{1}{2^n}$$

例如，掷 6 次币，出现 3 次正面的概率为

$$P_6(3) = C_6^3 \cdot \frac{1}{2^6} = \frac{20}{64} = 0.3125$$

式中的 $C_6^3 = 20$，是从杨辉三角中相应位置对应的数得到的。

　　上面我们讲的掷币，每次出现正、反的机会都是均等的。假如某事件出现的概率是 p，那么在 n 次试验中，该事件恰好出现 k 次的概率又是多少呢？这只要注意到一个事实，即在杨辉三角中，任何到达 C_n^k 的路线，都必须是恰好向右走 k 次，向左走 $n-k$ 次。这样，假如我们把向右走相当于事件发生，向左走相当于事件不发生，那么，任何一条到达 C_n^k 位置线路的概率均为 $p^k(1-p)^{n-k}$，其中 $1-p$ 是事件不发生的概率。由本节开始的分析知道，到达 C_n^k 的线路数即为 C_n^k，所以我们即得 n 次试验

中，事件出现 k 次的概率公式为

$$P_n(k) = C_n^k \cdot p^k (1-p)^{n-k}$$

这是一个来之不易的，而且不算很简单的公式。然而回顾整个推导过程，我们所用的知识并不太多，主要是选择了一条为大多数读者所能接受的路，尽管它也有些弯曲和坎坷。

二十、选择题与评分的科学扣分

　　标准化考试是国际上广为流行的考试方法,它具有客观性强,覆盖面广,评卷迅速等优点。

　　选择题是标准化考试中最常采用的题型。从题目的结构看,一般分为两部分:一部分是提出或陈述一个问题,另一部分是备选答案,包含一个正确答案及几个错误答案。我们来看下面的例子。

　　【选择题】以下图形中有几个是正方体的表面展开图?

　　A. 1个;B. 2个;C. 3个;D. 4个。

例子中备选答案有 4 个,只有 D 项是正确的。一道选择题的备选答案数,我们称为"项数"。上面的例子是一道 4 项选择题。

虽然选择题作为考试的题型,有着许多优点,但也存在一个严重的不足,即难于摒弃"碰运气"的成分。具体地说,对一个一无所知的人来说,单凭机遇也可能碰上几个正确的答案。

事实上,一道 λ 项的选择题,随机选取恰好碰上正确答案的概率是 $\frac{1}{\lambda}$,碰到不正确答案的概率是 $1-\frac{1}{\lambda}$。假设共有 n 道这样的选择题,那么由"十九、从《歧路亡羊》谈起"中知道,光凭机遇随机选对 k 题的概率为

$$P_n(k) = C_n^k \cdot \left(\frac{1}{\lambda}\right)^k \left(1-\frac{1}{\lambda}\right)^{n-k}$$

具体些,如果我们有 10 道题,每道题有 4 个备选答案,即 $n=10, \lambda=4$。那么,可以一个个算出随机选对 k 题的概率(只是相应的 C_{10}^k 要从杨辉三角的第 10 排去查)(表 20.1)。

表 20.1 随机选题概率

选对题数	相应的概率 $P_{10}(k)$
$k=0$	0.0563
$k=1$	0.1871
$k=2$	0.2816
$k=3$	0.2503
$k=4$	0.1460
$k=5$	0.0584
$k=6$	0.0162
$k=7$	0.0031
$k=8$	0.0004
$k=9$	0.0000

从表 20.1 中容易看出,光凭机遇选对两道题或三道题的可能性占了 50%以上,如果这也"给分"的话,显然是不够合理的。正是由于存在这种不合理性,所以许多国家的考试组织者,都对各种考试做了形式各异的弥补性规定。如美国中学数学竞赛,共有 30 道选择题,每卷给 30 分基本分,以平衡随机得分。只有全错才得 0 分,但全错的可能性是极低的。又如我国某数学联赛试题,对选择题得分做如下规定:答对得满分,答错得 0 分,不答得 1 分。这主要是鼓励学生"知之为知之,不知为不知",不要去做碰运气选题的事。再如 2013 年苏州大学的自主招生,语文、数学、物理、化学的考试试题均由 40 道选择题组成,得分规定为:选对的得 5 分;不选的得 0 分;选错的扣 2 分。这里设置的扣分,意在惩罚那些碰运气的人。

上面的众多规定,既有合理的一面,也都有不合理的地方。从科学的角度看,要让那些靠碰运气选题的人得不到分,才算合理。为此,我们必须去求靠碰运气最可能会选对的题数 k^*,这相当于解以下不等式组:

$$\begin{cases} P(k^*) > P(k^*+1) \\ P(k^*) \geqslant P(k^*-1) \end{cases}$$

仅限于初中的知识,要解上面不等式组还有一定困难,但解得的结果却是很简单的:

$$k^* = \left[\frac{n+1}{\lambda}\right]$$

其中 $[x]$ 表示不超过 x 的最大整数。如 $[\pi]=3$,$[\lg 32]=1$ 等。在前面例中

$$k^* = \left[\frac{10+1}{4}\right] = 2$$

这与表中查到的相应概率的最大值是一致的。

当 k^* 确定之后,我们便可以设置扣分,使得选对 k^* 题的人得不到分。科学的扣分法有两种。

第一种方法:

设答对一道题得 r 分,答错一道题得 0 分,每卷以 $-k^* r$ 为基本分,且总得分不取负值。显然,全对者得 $(n-k^*)r$,即为满分。如前例中的 10 道题,假定每道题答对得 5 分,由于 $k^*=2$,所以基本分可定为 $-2\times5=-10$ 分,满分为 40 分。

第二种方法：

设答对一道题得 r 分，答错一道题扣 t 分，基本分为 0 分。t 的选取，要使选对 k^* 题的人得不到分数（因为我们认为他是纯粹靠运气选对的）。因此，该卷所得分数应与所扣分数相当，即 $k^* r = (n - k^*)t$，算得

$$\frac{r}{t} = \frac{n}{k^*} - 1 = \frac{n}{\left[\dfrac{n+1}{\lambda}\right]} - 1$$

对于多项选择题，随着项数 λ 的增大，靠机遇选对的题数 k^* 相应减少。对于这种情形，即使不设置扣分，也不至于对总分造成过大的影响。

从 k^* 的计算式可以看出，要减少 k^* 的途径有两条，一是减少题目数量，二是增大项数。减少题目的数量是没有实际意义的，而增大备选答案的个数，又对设计题目造成了困难。怎么办呢？最近，有的考试采用了一种叫作"多解选择"的办法，每个备选答案都可能是正确的或错误的（与单一选择的区别是，不再只有一个答案正确）。这样，λ 个备选答案，每个答案都有"取"与"不取"两种选择，共有 $2 \times 2 \times 2 \times \cdots \times 2 = 2^{\lambda}$ 种选取的方法。除去都不选的一种情形，实际项数有

$$\lambda^* = 2^{\lambda} - 1$$

这显然比单一选项的项数要高得多。例如，备选答案只有 3 个的多解选择，实际项数 $\lambda^* = 2^3 - 1 = 7$。项数这样高，随机选对的可能性势必很小。因而，多解选择一般是没有必要去设置扣分的。

二十一、不模糊的模糊数学

常言说得好：差之毫厘，谬以千里。一颗人造卫星，要送到地球上空的预定轨道，离不开精密的数学计算。百层摩天大楼能够拔地而起，没有准确的数学计算，也是难以想象的。数学一向以严密、精确著称。然而，在 20 世纪 60 年代，却偏有一个叫"模糊数学"的数学新分支异军突起。

难道数学计算无须精密准确而要"模模糊糊"？当然不是。自然科学的学科，只有当它们能够使用数学语言描述的时候，才谈得上成熟。在恩格斯的那个年代，数学在生物学上的应用还几乎为零。然而如今的生物学，已全然离不开数学。就连许多社会科学，也在不断追求定量化和数学化。那么，为什么在此时此刻反而半路杀出一个"模糊数学"呢？这还得从两种不同的概念讲起。

在日常生活中，我们遇到的概念不外乎两类。一类是清晰的概念，对象是否属于这个概念是明确的。例如，人、自然数、正方形等。要么是人，要么不是人；要么是自然数，要么不是自然数；要么是正方形，要么不是正方形。非此即彼。另一类概念对象从属的界限是模糊的，随判断人的思维而定。例如，美不美、早不早、便宜不便宜等。西施是我国古代公认的美女，但有道是"情人眼里出西施"，这就是说，在一些人看来未必那么美的人，在另一些人眼里，却美得可以与西施相比拟。可见，"美"与"不美"是不存在一个精确的界限的。再说"早"与"不早"，清晨5点，对于为都市"梳妆打扮"的清洁工人来说可能算是迟了，但对大多数小学生来说，却是很早的。至于便宜不便宜，那更是随人的感觉而异了！在客观世界中，诸如上述的模糊概念要比清晰概念多得多。对于这类模糊现象，过去已有的数学模型难以适用，需要形成新的理论和方法，即在数学和模糊现象之间架起一座桥梁。这就是我们要讲的"模糊数学"。

加速这座桥梁架设的是计算机科学的迅速发展。大家知道，人的大脑具有非凡的判别和处理模糊事物的能力。就拿一个孩子识别自己的母亲为例，即使这位母亲更换了新衣，改变了发式，她的孩子依然会从高矮、胖瘦、音容、姿态等迅速地做出准确判断。如果这件事让计算机来干，那就非得把这位母亲的身高、体重、行走速度、外形曲线等，全都计算到小数点后的十几位，然后才能着手判断。这样的"精确"实在是事与愿违，走到了事物的反面。说不定就因为这位母亲脸上一时长了一个小疖，该部位的平均高度比原来高了零点零几毫米，而使计算机做出"拒绝接受"的判断！难怪模糊数学的创始人、美国加利福尼亚大学教授、自动控制专家 L. A. 扎德（L. A. Zadeh，1921—2017）说："所面对的系统越复杂，人们对它进行有意义的精确化的能力就越低。"他生动地举了一个停车问题的例子，他说，要把汽车停在拥挤停车场的两辆汽车之间的空地上，这对有经验的司机来说，并非什么难事。但若用精确的方法求解，即使是一台大型电子计算机也不容易。

那么，要使计算机能够模仿人脑，对复杂系统进行识别和判断，出路在哪里呢？扎德教授主张在极度的复杂性面前，从精度方面"后退"一步。他提出用隶属函数使模糊概念数学化。例如"秃头"，这显然是一种模糊概念。图 21.1 有 5 种头发的类型。(a)的头没有一点头发，自属标准"秃头"，隶属程度为 1；(d)的

头是典型秃顶，所以"秃"的隶属程
度可定为 0.8；(c) 的头上，长满了
乌黑的头发，根本与"秃"沾不上边，
所以"秃"的隶属程度为 0；(b) 与 (e)
的"秃"，比之 (a)(d) 不足，比之 (c) 则
有余，隶属程度可分别定为 0.5 和
0.3。这样"秃"这个模糊概念就可
以用以下的方法定量地给出定义：

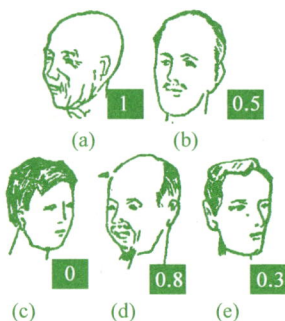

图　21.1

$$[秃头] = 1/a + 0.5/b + 0/c + 0.8/d + 0.3/e$$

这里的"+"和"/"，不是通常的相加和相除，只是一种记号。"1/a"
表明状态 a 的隶属程度为"1"，"+"则表示各种情况的并列。

　　下面我们再看"年轻"和"年老"这两个模糊概念。扎德教授
本人根据统计资料，拟合了这两个概念的隶属函数图像。
图 21.2 中横坐标表示年龄，纵坐标表示隶属程度。例如，从坐
标图可以看出，50 岁以下的人不属于"年老"，而当年龄超过 50

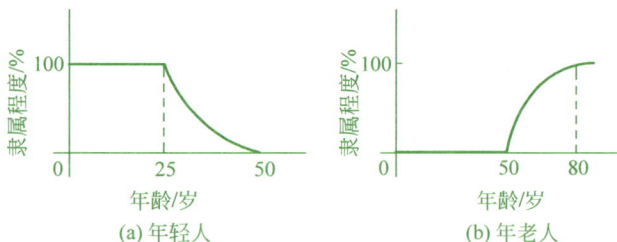

图　21.2

岁时,随着岁数的增大,"年老"的隶属程度也越来越大。"人生七十古来稀",70 岁的人"年老"的隶属程度已达 94%。同样,在坐标图中我们可以看到,25 岁以下的人,"年轻"的隶属程度为 100%,超过 25 岁,"年轻"的程度越来越小。40 岁已是"人到中年","年轻"的隶属程度只有 10%。

假如有人问你:"你的数学老师年轻吗?"而你的回答却是:"他'年轻'的隶属程度为 25%。"这样的答案自然不会有错,但显然是很别扭的。为了使人产生一种确切的印象,我们可以固定一个百分数,例如 40%,隶属程度大于或等于 40% 的都叫"年轻",反之就不叫"年轻"。在这种前提下,你可以明白地告诉你的朋友,你的数学老师不年轻。因为这时"年轻"一词,已从模糊概念转为明的概念。当然,作为隶属程度分界线的那个固定百分数,是应当通过科学的分析,或者通过民意测验的统计来选取的。

再举中国古代史的分期为例,"奴隶社会"是个模糊概念。

[奴隶社会]=1/ 夏 +1/ 商 +0.9/ 西周 +0.7/ 春秋 +

0.5/ 战国 +0.4/ 秦 +0.3/ 西汉 +0.1/ 东汉

取 0.5 的隶属程度作为奴隶社会的划分界限,那么属于奴隶社会的,就该是夏、商、西周、春秋和战国。秦、汉则不属于奴隶社会。

在精确数学中,"非常""很""不"等词是很难用数量加以表述的。但在模糊数学中,却可以让它们定量化。例如,"很"表示隶属程度的平方，"不"则表示用 1 减去原隶属度等。如 30 岁属于"年轻"的隶属程度为 0.5，那么属"很年轻"的隶属程度就只有 $(0.5)^2 = 0.25$，而"不很年轻"的隶属程度则为 $1 - (0.5)^2 = 0.75$。

上面我们看到，在对事物的模糊性进行定量刻画的时候，同样需要用到概率统计的手段和精确数学的方法。由此可见，"模糊数学"实际上并不模糊。

模糊数学的诞生，把数学的应用领域从清晰现象扩展到模糊现象，从而使数学闯进了许多过去难以达到的"禁区"。用模糊数学的模型来编制程序，让计算机模拟人脑的思维活动，已经在文字识别、疾病诊断、气象预测、火箭发射等方面获得了成功，前景十分诱人。

我国研究模糊数学虽然只有短短的 40 多个年头，但 40 多年来，这门新兴的学科发展极快，表现出了强大的生命力。目前，该学科在工业、农业和国防技术的应用方面，已经初露锋芒！

二十二、从田忌赛马到俾斯麦海海战

　　在漫漫的人类文明史上，我们可以看到形形色色的竞争现象。处于对立的双方，总是千方百计谋求对自己有利的策略。20世纪40年代以来，由于生产和战争的需要，在大批科学工作者的努力下，这种研究对策的数学模型和理论终于形成。1944年，匈牙利数学家冯·诺依曼和美国经济学家莫根施特恩（Morgenstern）合作写成了《对策论与经济行为》一书，正式宣告了又一个数学新分支的诞生。

　　我国劳动人民对于对策的认识有着很久远的历史。如《橘中秘》《梅花谱》《韬略元机》等象棋古谱，实际上是对象棋比赛对策相当深入的研究。战国时期"田忌赛马"的故事，也是一个十分精彩的对策例子。

齐王与大将田忌商议赛马,双方约定:各自出上、中、下3种等级的马各一匹。每轮举行3场对抗赛。输者每输一场要付给胜者黄金1000两。由于田忌的马比齐王同等级的马都要略逊一筹,而在前一轮的比赛中,双方都是用同等级的马进行对抗,所以齐王很快赢了全部3场,得到了3000两黄金。

鉴于第一次赛马的惨败,所以当齐王满面春风地再次邀请田忌赛马时,田忌感到很为难。一方面君王的旨意不好违背,另一方面自己对这种必败的赛局失去了信心。田忌的军师孙膑,是得名师鬼谷子真传的颇有才能的军事家。他了解到主将闷闷不乐的缘由,便替田忌出了一个主意:用自己的下等马和齐王的上等马比赛,而用自己的上等马和齐王的中等马比赛,用中等马和齐王的下等马比赛。比赛开始,第一场齐王的马以极大的优势取得了胜利。齐王没有料到田忌的马竟然如此不堪一击,为此俯仰大笑,得意不已。但好景不长,在第二、三场比赛中田忌的马都取得了胜利。这一轮齐王非但没有赢,反而输了1000两黄金。可笑的是,齐王输了钱还弄不清自己是怎样输的呢!

其实,齐王出马的对策有6种:(上、中、下)、(上、下、中)、(中、上、下)、(中、下、上)、(下、上、中)、(下、中、上)。括号中写的是出马的等级和顺序。田忌的对策也同样有6种。这样搭配起来就有 36 种对赛的格局。其中齐王赢 3000 两黄金的格局有 6 种,赢 1000 两黄金的格局有 24 种,只有 6 种输 1000 两黄金。因此,总的来看,田忌输的概率为 5/6,赢的概率只有 1/6。

既然田忌赢的可能性是这样小,那么孙膑是根据什么来取胜的呢?原来关键在于孙膑摸准了齐王的对策。他估计到齐王由于上一次的大获全胜,这一次是不会轻易更改这种对策的。这就使得孙膑在对局前便把握了主动权,有的放矢地制定了"退一步,进两步"的策略。如果不是这样的话,纵使孙膑有天大的本事,也是要输的。

齐王的失败教训,在于己方的策略被对方洞悉。然而,在一般的竞争中,相对的双方都是在不知道对方策略的情况下各自选择自己的最优对策的。下面是第二次世界大战期间一个著名的对策战例。

1943 年 2 月,美军获悉,日本舰队集结在南太平洋的新不列颠岛,准备越过俾斯麦海开往伊里安岛。美西南太平洋空军司令肯尼,奉命拦截轰炸日本舰队。从新不列颠岛去伊里安岛的航线有南北两条,航程约为 3 天。未来 3 天北路气候阴雨连绵,南路晴好。美军在拦截前需要派侦察机侦察,待发现日舰航线后,再出动大批轰炸机进行轰炸。

对美军来说,全部可能的方案如下。

(N,N)方案:集中侦察北路,派少量侦察机侦察南路,日舰也走北路。虽然天气不好,但可望一天内发现日舰,有两天时间轰炸。

(N,S)方案：集中侦察北路，派少量侦察机侦察南路，日舰走南路。因南路天气晴好，少量侦察飞机用一天也能发现日舰，轰炸时间也有两天。

(S,N)方案：集中侦察南路，派少量侦察机侦察北路，日舰走北路。少量侦察机在阴雨的北路侦察，发现目标需要两天，轰炸时间只有一天。

(S,S)方案：集中侦察南路，派少量侦察机侦察北路，日舰也走南路。可望立即能发现日舰，这样能够有 3 天的轰炸时间。

以上各方案，美军赢得的轰炸时间简化如表 23.1 所示。

表 23.1　轰炸时间简化表

美 ＼ 日	N	S
N	2	2
S	1	3

对美军来说，最理想的方案是(S,S)，因为它可以赢得 3 天轰炸时间。但因日方对策预先并不知道，如果贸然集中力量侦察南路，很可能会落得最差的(S,N)结果。同样，日方在考虑对策的时候，既要看到对自己最佳的方案(S,N)，也不能不估计到

对自己最不利的方案(S,S)。因此,对日舰来说,走南路是比较
冒险的。美军司令肯尼将军经过认真研究,毅然决定把搜索重
点放在北路。结果这场载入史册的俾斯麦海海战,最后以美军
获胜告终。

为了下一节叙述方便,我们把美方赢得轰炸的时间表,省去
策略部分,只留下矩形的数字阵,简称赢得矩阵:

$$\begin{bmatrix} 2 & 2 \\ 1 & 3 \end{bmatrix}$$

像上面那样,给出赢得矩阵的对策,叫作矩阵对策。"田忌赛马"
是一种矩阵对策。大家所熟悉的"锤子、剪刀、布"的游戏,也是
一种矩阵对策。如果约定:胜者得 1 分,负者得 -1 分,平手得
0 分,而且双方的策略都按锤子、剪刀、布的顺序,那么简化后某
一方的赢得矩阵为

$$\begin{bmatrix} 0 & 1 & -1 \\ -1 & 0 & 1 \\ 1 & -1 & 0 \end{bmatrix}$$

读者还可以自行列出"田忌赛马"的赢得矩阵进行练习。

二十三、"矮高"和"高矮"谁高的启示

前一个故事中我们讲到,在俾斯麦海海战中,美方的赢得矩阵为

$$\begin{bmatrix} 2 & 2 \\ 1 & 3 \end{bmatrix}$$

现在撇开具体的史实不谈,而把它看成是甲、乙两人对策的甲方赢得表(表 23.1)

表 23.1 甲方赢得表

甲方　　　乙方	策略 A	策略 B
策略 I	2	2
策略 II	1	3

从表 23.1 中可以看出,甲方最大的赢得是 3。这就是说,甲方总希望自己取得 3,因而得出应采用策略 Ⅱ。然而乙方也在考虑,甲方会有希望赢得 3,而出策略 Ⅱ 的心理状态,于是就设想用策略 A 参与对策,这时甲方只能得到最少的 1,同样,甲方也会进一步想:乙方可能会抓住我方的心理状态而出策略 A,那么我方就该出策略 Ⅰ 了。看来肯尼将军当时大概就是这样想的。

下面是一个通过推断别人的心理状态,而得出自我判断的绝妙例子,它与对策中的局中人在选取策略时的思考判断,颇有相似之处。

问题是这样的:甲、乙、丙 3 个聪明人在一起午睡。某好事者将他们的前额都涂上黑记。醒后,三人相视大笑。因为每人都看到两个朋友的前额被涂黑了。突然其中更为机灵的甲不笑了,赶快拿水洗自己的额头。问:甲是如何断定自己的额头也被涂黑的?

　　原来,甲心里想,我看到乙、丙两人的前额都被涂黑,因此发笑。如果我的前额是清洁的,那么乙则是光因丙的前额被涂黑而笑了!假如我的这种推想是成立的,乙大概就会警觉到自己的前额也被涂黑了,因为否则丙看到的两个人的前额都是清洁的,有什么值得笑的呢?然而现实是,丙在笑,乙也在笑。从而甲断定自己的前额一定也被涂黑了。

　　在对策中,各方的心理状态都是想在不冒险的前提下,设法让自己赢得最多,失去最少。通俗地说就是,从最好的结果着眼,考虑最坏的可能。

　　根据上述的指导思想,甲方应在自己的每一个策略中,首先注意那些对自己最不利的赢得。因为必须估计到对方会选取使自己处于最不利地位的策略。不能去走冒险棋,以至于"一着不慎,全盘皆输"。但甲方应能从各个策略的最小赢得中间,去寻求最有利的策略。即从各策略的极小赢得中,去找极大的一个。这不仅是明智的,而且可以立于不败之地。同样的道理,乙方必须从自己的策略会造成对方较大的赢得着手,而从各个极大中去寻求使自己损失最小的策略。即从各个策略的对方极大赢得中,去找极小的一个。

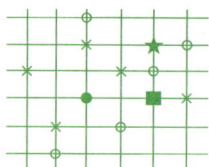

图　23.1

　　在继续讨论之前,我们先思考一个有趣的智力问题:有 $m \times n$ 个人,排成 m 行、n 列的人阵(图 23.1)。今从每行中找出本行最矮的人(图中用○表示),再在各行最矮的人中选出最高者（图 23.1 中用●表示），把这人称为"矮高"。现在再从每列中找出该列最高的人（图 23.1 中用×表示），然后从各列最高的人中选出最矮者（图 23.1 中用★表示），把这人叫作"高矮"。现在问：是"高矮"高呢？还是"矮高"高呢？

答案是肯定的："高矮"绝不会低于"矮高"。

事实上，如果"★"与"●"重合，则"高矮"同"矮高"是同一个人，当然一样高。如果"★"与"●"在同一行或同一列，那么根据他们各自的规定，"矮高"是不可能高于"高矮"的。最后，如果像图 23.2 中那样"★"和"●"在不同的行和列，那么我们取"●"所在行和"★"所在列的交叉处为"■"。根据规定，同在一行的"●"和"■"，前者不会比后者高；又在同一列的"■"和"★"，前者也不会比后者高。因此"●"绝不会高于"★"。即 3 种情况都有"矮高"不高于"高矮"。特别当"矮高"与"高矮"一样高时，"★""■"和"●"三者的高度必须是相等的。

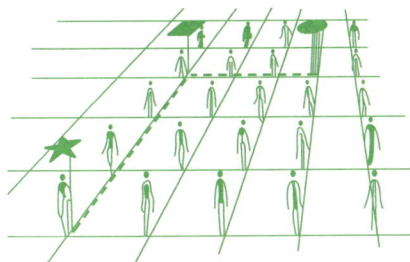

图　23.2

现在回到前面的对策问题上来。如果一个二人对策,甲方的赢得矩阵是

$$
\begin{bmatrix}
a_{11} & a_{12} & \cdots & a_{1n} \\
a_{21} & a_{22} & \cdots & a_{2n} \\
\vdots & \vdots & & \vdots \\
a_{m1} & a_{m2} & \cdots & a_{mn}
\end{bmatrix}
$$

这就像上面讲的 $m \times n$ 人阵一样。对甲方来说,要找的是各行最小赢得中的极大,即找"矮高"——"●";而对乙方来说,则需要找各列对方最大赢得中的极小,即找"高矮"——"★"。如果在矩阵中,"●"与"★"一样大,那么甲、乙双方都会一致选取相应于"■"的策略。因为这是在不知对方将采用什么策略的情况下,对双方来说,都是最保险和最有利的。这时,相应于"■"的策略,称为对策的最优策略。

诚然,在一般情况下,"矮高"是低于"高矮"的,这时最优纯策略不存在。"田忌赛马"是一种没有最优纯策略的对策。"锤子、剪刀、布"的游戏,也是一种没有最优纯策略的对策。游戏中的"高矮"是 1,而"矮高"是 -1,两者是显然不相等的。因此这种游戏的胜负,只好靠随机性而决定了。

二十四、可以作为前言的结束语

在这本书中,作者试图用一些生动而有趣的故事,让广大读者了解一门数学分支的真谛,从偶然中去发现必然,从欢娱中去获取知识。

瑞典数学家拉斯·戈丁(Lårs Gårding,1919—2014)在《数学概观》一书中,有一段关于概率和概率研究极为精辟的论述。这段文字是如此合拍地与本书作者的认识相共鸣,以至于作者决心转录这段原文,以飨读者。

概率(probability)这个词,是和探求(probe)真实性联系在一起的。在我们所生活的世界上,充满了不确定性。因此我们就试图通过猜测事件的真相和未来来掌握这种不确定性。在对我们周围世界进行分析时，这种方法是重要的组成部分。当我们希望得到确定的结果，在正常的情况下，我们可以把形势分成绝对危险的或绝对安全的，并且避开危险，我们在崎岖不平的道路上小心地前进，正如行人和司机一样总使自己离不安全地带很大一段距离。但是这种分类方法也包含风险在内。对于同一现象有了两三次相似的经验之后，我们就倾向于认为它总会以同样的方式产生。

不安全感既使人紧张，又是对人的挑战，它强迫人们在后果还不完全清楚的情况下，对各种方案进行选择。如果这种选择的确有某种意义的话，我们可能是以一种欢快兴奋的心情进行选择的。可是，坏的选择的后果不能太严重。假如我们处在危险的关头，那么就得动员我们的整个脑力资源，不只是智力上的而且还有情绪上的整个储备来对付它，而如果失败那就可能是毁灭性的。未知的魅力是那么动人，促使人们发明了无数的游戏，使得他们能够在有条不紊的、毫无生命危险的情况下玩个痛快。

概率论是机遇的数学模型。最初它只是对于带有机遇性游戏的分析，而现在已经是一门庞大的数学理论，它在社会科学、生物学、物理学和化学上都有应用。

作者愿以上面这段可以作为前言的文字，结束本书。